BIM技术与应用系列规划教材

辽宁省一流课程配套教材

桥梁工程
BIM技术及工程应用

孙海霞　主编

杜东航　曹益维　副主编

鲁丽华　审

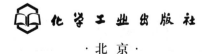

化学工业出版社

·北京·

内 容 简 介

《桥梁工程 BIM 技术及工程应用》涵盖了初学者必须掌握的流程以及具体的工作实操要点，内容基础且精炼和实用。本书以工程实例为背景，展示全桥模型的创建以及 BIM 技术在桥梁工程中的应用：工程量计算、图纸输出、碰撞检查、施工等。本书主要分以下几个板块来介绍：桥梁 BIM 基础知识、Re-vit 建模软件和建模环境、桥梁上部结构和下部结构参数化建模、钢筋模型的创建等内容。本书还配有视频可扫二维码获取。

本书适合土木类专业本科生和研究生教学使用，也适合需要学习桥梁工程 BIM 技术的工程技术人员。

图书在版编目（CIP）数据

桥梁工程 BIM 技术及工程应用/孙海霞主编. —北京：化学工业出版社，2021.8（2024.11重印）
BIM 技术与应用系列规划教材
ISBN 978-7-122-39425-5

Ⅰ.①桥… Ⅱ.①孙… Ⅲ.①桥梁设计-计算机辅助设计-应用软件-教材 Ⅳ.①U442.5-39

中国版本图书馆 CIP 数据核字（2021）第 129120 号

责任编辑：刘丽菲   装帧设计：韩　飞
责任校对：宋　玮

出版发行：化学工业出版社（北京市东城区青年湖南街 13 号　邮政编码 100011）
印　　装：北京天宇星印刷厂
787mm×1092mm　1/16　印张 12¼　字数 291 千字　2024 年 11 月北京第 1 版第 3 次印刷

购书咨询：010-64518888   售后服务：010-64518899
网　　址：http://www.cip.com.cn
凡购买本书，如有缺损质量问题，本社销售中心负责调换。

前　言

BIM 技术的发展，使得高校教育必须高度重视 BIM 技术对建筑行业的重大变革作用，充分认识推进 BIM 技术的必要性和紧迫性。

本书为 BIM 技术与应用系列规划教材之一。本书介绍了建模应用概述、桥梁建模前期准备、桥梁整体模型搭建以及 BIM 在桥梁工程中的应用。本书内容力求详细，有很强的实用性和可操作性，同时具有一定的理论深度。内容涵盖了初学者必须掌握的流程以及具体的工作实操要点，基础且精炼和实用。本书增加工程实例，注重学习者的实际操作能力。本书还提供操作视频等资源，最大限度地满足教师教学、学生学习和企业工程技术人员自学需要。

全书共 8 章，第 1 章、第 2 章由孙海霞编写；第 3 章由朱天伟编写；第 4 章由曹益维编写；第 5 章由张帆编写；第 6 章、第 7 章由杜东航编写；第 8 章由辽宁奥路通科技有限公司姚卓编写。全书由孙海霞统稿，由鲁丽华审稿。

由于编者水平有限，书中疏漏在所难免，敬请批评指正。

编者

2021 年 9 月

目 录

| 第1章 | 绪 论

1.1 BIM 概述

1.1.1 BIM 基本概念

BIM 是 Building Information Modeling 的缩写，由 Autodesk 公司在 2002 年率先提出，已经在全球范围内得到业界的广泛认可。BIM 可以帮助建筑实现信息的集成，从建筑的设计、施工、运行直至建筑全寿命周期的终结，各种信息始终整合于一个三维模型信息数据库中，设计团队、施工单位、设施运营部门和业主等各方人员可以基于 BIM 进行协同工作，可有效提高工作效率，同时节省资源、降低成本，实现可持续发展。

BIM 的基本概念、特征及其发展

BIM 的核心是通过建立虚拟的建筑工程三维模型，利用数字化技术，为这个模型提供完整的、与实际情况一致的建筑工程信息库。该信息库不仅包含描述建筑物构件的几何信息、专业属性及状态信息，还包含了非构件对象（如空间、运动行为）的状态信息。借助这个包含建筑工程信息的三维模型，大大提高了建筑工程的信息集成化程度，从而为建筑工程项目的相关利益方提供了一个工程信息交换和共享的平台。

1.1.2 BIM 特点

BIM 具有以下五个特点。

（1）可视化

可视化即"所见所得"的形式，对于建筑行业来说，可视化在建筑业应用的作用是非常大的。例如施工图纸只是各个构件的信息在图纸上采用线条绘制表达，但是其真正的构造形式就需要建筑业从业人员自行想象了。BIM 提供了可视化的思路，让以往的线条式的构件形成一种三维的立体实物图形展示在人们的面前。建筑业也有设计方面的效果图，但是这种效果图不含有除构件的大小、位置和颜色以外的其他信息，缺少不同构件之间的互动性和反馈性，而 BIM 提到的可视化是一种能够同构件之间形成互动性和反馈性的可视化，由于整个过程都是可视化的，可视化的结果不仅可以用效果图展示及生成报表，更重要的是，项目设计、建造、运营过程中的沟通、讨论、决策都在可视化的状态下进行。

(2) 协调性

协调是建造过程中的重点内容，不管是施工单位，还是业主或设计单位，都在做着协调及互相配合的工作。比如，施工过程中一旦遇到了问题，就要将各有关人士组织起来开协调会，找各个施工问题发生的原因及解决办法，然后作出变更，做出相应补救措施等来解决问题；又如，在设计时，往往由于各专业设计师之间的沟通不到位，出现各种专业之间的碰撞问题，例如暖通等专业中的管道在进行布置时，由于施工图纸是各自绘制，在真正施工过程中，可能在布置管线时正好在此处有结构设计的梁等构件阻碍管线的布置，像这样的碰撞问题的协调解决就只能在问题出现之后再进行解决。BIM 的协调性服务就可以帮助处理这种问题，也就是说 BIM 建筑信息模型可在建筑物建造前期对各专业的碰撞问题进行协调，生成协调数据，并提供出来。当然，BIM 的协调作用也并不是只能解决各专业间的碰撞问题，它还可以解决例如电梯井布置与其他设计布置及净空要求的协调、防火分区与其他设计布置的协调、地下排水布置与其他设计布置的协调等。

(3) 模拟性

模拟性并不是只能模拟设计出的建筑物模型，还可以模拟不能够在真实世界中进行操作的事物。在设计阶段，BIM 可以对设计上需要进行模拟的一些东西进行模拟实验。例如：节能模拟、紧急疏散模拟、日照模拟、热能传导模拟等。在招投标和施工阶段，可以进行 4D 模拟（三维模型加项目的发展时间），也就是根据施工的组织设计模拟实际施工，从而确定合理的施工方案来指导施工，同时还可以进行 5D 模拟（基于 4D 模型加造价控制），从而实现成本控制。后期运营阶段，可以模拟日常紧急情况的处理，例如地震人员逃生模拟及消防人员疏散模拟等。

(4) 优化性

事实上整个设计、施工、运营的过程就是一个不断优化的过程。当然优化和 BIM 也不存在实质性的必然联系，但在 BIM 的基础上可以做更好的优化。优化受三种因素的制约：信息、复杂程度和时间。没有准确的信息，做不出合理的优化结果。BIM 模型提供了建筑物的实际存在的信息，包括几何信息、物理信息、规则信息，还提供了建筑物变化以后的实际存在信息。复杂程度较高时，参与人员本身的能力无法掌握所有的信息，必须借助一定的科学技术和设备的帮助。现代建筑物的复杂程度大多超过参与人员本身的能力极限，BIM 及与其配套的各种优化工具提供了对复杂项目进行优化的可能。

(5) 可出图性

BIM 模型不仅能绘制常规的建筑设计图纸及构件加工的图纸，还能通过对建筑物进行可视化展示、协调、模拟、优化，出具各专业图纸及深化图纸，使工程表达更加详细。

1.1.3 BIM 相关标准

国际 ISO 组织做了一些 BIM 标准，从前期的 IFC 到 IDM 再到 IFD 都是非常重要的标准。

BIM 技术源自美国，美国的一些地方政府也制定了很多的应用指南，对正确应用

BIM 起到了很好的作用。美国的地方组织也制定了相关的 BIM 标准。例如，2006 年美国总承包商协会发布《承包商 BIM 使用指南》；2008 年美国建筑师学会颁布了 BIM 合同条款 E202-2008 "Building Information Modeling（BIM）Protocol Exhibit"；2009 年美国洛杉矶大学制定了面向 DBB 工程模式的 BIM 实施标准 *LACCD Building Information Modeling Standards For Design-Bid Build Projects*。

英国在 2009 年发布了 *AEC（UK）BIM Standard*；2010 年进一步发布了基于 Revit 平台的 BIM 实施标准——*AEC（UK）BIM Standard for Autodesk Revit*；2011 年又发布了基于 Bentley 平台的 BIM 实施标准——*AEC（UK）BIM Standard for Bentley Building*。挪威也于 2009 年发布了 BIM Manual 1.1，并于 2011 年发布了 BIM Manual 1.2。

一些亚洲国家，例如新加坡在 2012 年发布了 *Singapore BIM Guide*。韩国方面，韩国国土海洋部在 2010 年 1 月颁布了《建筑领域 BIM 应用指南》；2010 年 3 月，韩国虚拟建造研究院制定了《BIM 应用设计指南——三维建筑设计指南》；2010 年 12 月，韩国调达厅颁布了《韩国设施产业 BIM 应用基本指南书——建筑 BIM 指南》。

在我国，随着科技信息技术的不断发展进步，相关部门已经开始着手研究 BIM 技术及其应用。目前，各个建筑企业单位只是在某一个或者是某几个建筑项目的部分建设过程中使用 BIM 技术，正在向全面地、充分地使用推进。

我国最初应用 BIM 缺乏具体的标准，所以 BIM 技术的研究和应用在我都受到了相应的制约。在这样的情况下，我国主动接受 BIM 技术，用它提升项目管理水平，让 BIM 技术的发展和项目管理水平的提升相辅相成。从管理问题着手，促进 BIM 技术在我国的应用与发展。近年来，诸多 BIM 标准相继发布。

2015 年 08 月 27 日，中华人民共和国住房和城乡建设部发布《工业化建筑评价标准》国家标准，编号为 GB/T 51129—2015，自 2016 年 5 月 1 日起实施。

2016 年 12 月 02 日，中华人民共和国住房和城乡建设部发布《建筑信息模型应用统一标准》国家标准，编号为 GB/T 51212—2016，自 2017 年 7 月 1 日起实施。

2017 年 05 月 04 日，中华人民共和国住房和城乡建设部发布《建筑信息模型施工应用标准》国家标准，编号为 GB/T 51235—2017，自 2018 年 1 月 1 日起实施。

在信息化高速发展的今天，BIM 为建筑行业带来了全新的发展。相信在不久的将来，BIM 会广泛应用，并能制定出更符合我国规范化的标准，无论是研发还是在工程中的应用，都能有一个新的高度。

1.1.4　建筑施工图识读与绘制

BIM 技术的应用，可以很好地提升和强化施工图识图能力。建筑施工图关注更多的是建筑的平面功能、平面定位、立面效果以及建筑的外在艺术表现。在建筑施工图识图能力培养过程中，以前采用 KT 板和保温挤塑板等轻质材料制作建筑模型，在制作实体模型过程中进行建筑施工图识图能力培养。在 BIM 技术出现后，对比之下，制作实体模型相对耗时、耗力、耗材，同时需要实训场地比较大，也存在识图培养效率不够高的问题。利用 BIM 技术建立建筑信息模型，不需额外的设备材料，利用机房就可以实施。

结构施工图用平法表达后，原来的三维构件转化成平面表示，需要读图人员再由平面通过思维转化为想象中的三维图，把结构图中用钢筋平法表达的信息转化成思维中的钢筋下料模型，一定程度上降低了施工效率和增加了施工错误率。而 BIM 技术出现后，可以利用该技术把平法表达的钢筋信息快速转化成实体可见的三维图：比如，广联达软件对结构构件的 GBIM-5D 数据模型的三维呈现，建立起的钢筋三维结构模型清晰明了，能直观掌握钢筋的节点构造要求，同时便于钢筋工程量的对量和核算，指导钢筋下料的截断加工，指导钢筋施工的排放和绑扎，是结构施工图识图的重要辅助手段。

所以，利用 BIM 技术建立各个角度可见的建筑、结构三维模型，提升了施工图识图、绘图的效率和正确率，可以弥补传统方法的不足。

1.1.5 我国建筑信息化的时代背景

(1) 改革开放以来我国建筑业发展成就

改革开放以来，我国建筑业保持快速发展，规模明显扩大，呈现多主体发展格局，实力和贡献明显提高，对外开放度明显提高，从建筑业大国不断走向建筑业强国。尤其是党的十八大以来，在以习近平同志为核心的党中央坚强领导下，建筑业又步入一个新的发展阶段。随着"一带一路"倡议的不断推进，建筑业深度参与沿线 65 个国家和地区重大项目的规划和建设，聚焦关键通道、关键城市、关键项目，联结陆上公路、铁路道路网络和海上港口网络，着力推动陆上、海上、天上、网上四位一体的设施联通建设。

建筑信息化时代下的大国工匠精神

(2) 应用 BIM 技术的"顶尖工程"

我国作为建筑业强国，BIM 技术的快速推进得益于从中央到地方的政策支持。目前，已有很多"顶尖工程"应用了 BIM 技术。

① 上海中心大厦。上海中心大厦地上 127 层，地下 5 层，总高度为 632m，总建筑面积 57.8 万平方米，结构高度为 580m，是一座超高层建筑。这样一座超高层建筑，结构体型和体系非常复杂，BIM 在项目的策划、设计、施工及运营管理等各阶段都有深化应用，为项目团队提供了一个信息、数据平台，有效地改善了业主、设计、施工等各方的协调沟通；帮助施工单位进行施工决策，以三维模拟的方式减少施工过程的错、漏、碰、撞，提高一次安装成功率，减少施工过程中的时间、人力、物力浪费，为方案优化、施工组织提供了科学依据。BIM 技术的应用使得上海中心大厦的建造过程，成为绿色施工、低碳建造的典范。

② 港珠澳大桥。港珠澳大桥连接香港、珠海、澳门，是目前世界上最长的跨海大桥。大桥于 2003 年 8 月启动前期工作，2009 年 12 月开工建设，筹备和建设前后历时达 15 年，于 2018 年 10 月开通营运。港珠澳大桥规模庞大且复杂，施工环境比较恶劣，对施工是个巨大的挑战。在设计阶段，BIM 技术在其中的应用主要有：路线线型设计、BIM 多专业协同设计、BIM 隧道设计流程、BIM 模型与出图、工作井选址方案、BIM 三维设计平台与有限元分析系统集成等；在施工阶段，BIM 技术应用主要有：建立暗挖段 BIM 施工模型、施工进度管理、漫游与工序模拟。BIM 技术的应用很好地协助了港珠澳大桥的建成，这也离不开中国无数科研、设计、施工等科技工作者的努力。

③ 火神山医院。2020 年，武汉，一场突如其来的疫情席卷全城，新型冠状病毒快速蔓延。危急时刻，在"BIM＋装配式"技术的推动下，经过 10 天日夜酣战，武汉火神山

医院正式交付使用。采用装配式集装箱式的病房板房在工厂生产后直接在现场拼装，极大提高了建造速度。

火神山医院的建设中，BIM 技术的应用有三大关键点优势：项目精细化管理、仿真模拟对建筑性能的优化、参数化设计及可视化管控，从而保证了施工质量、缩短了工期进度、节约了成本、降低了劳动力成本和减少了废物排放。医院建设初期，利用 BIM 技术提前进行场布及各种设施模拟，按照医院建设的特点，对采光管线布置、能耗分析等进行优化模拟，确定最优建筑方案和施工方案。所有关于参与者、建筑材料、建筑机械、规划和其他方面的信息都被纳入到建筑信息模型中。参数化设计、构件化生产、装配化施工、数字化运维，使项目的全生命周期都处于数字化管控之下。

可见 BIM 技术在建筑行业中的表现是如此优秀！在火神山医院建设的整个过程中，BIM 技术快速输出整体建设方案，避免了后期返工整改，缩短工期。再加上装配式建筑技术，采用集装箱活动板房，结构整体性好，安装便捷，大大提高了施工进度。"BIM＋装配式"，是火神山医院得以迅速建设完成的重要手段。

（3）建筑信息化对现代化人才的要求

我国经济要靠实体经济作支撑，而建筑行业是重要的经济支柱之一。建筑行业正处于信息化变革之中，需要大量专业技术人才，需要大批"大国工匠"。不论是传统制造业还是新兴制造业，不论是工业经济还是数字经济，高技能人才始终是中国制造业的重要力量，建筑行业信息化需要高技能人才发挥"工匠精神"——敬业、精益、专注、创新，推动建筑行业信息化不断完善。

建筑行业是最需要被互联网变革的行业之一。建筑行业的数据是庞大的，需要数据服务的变革提升建筑行业管理和企业管理问题。随着信息化技术应用水平的提升，BIM、大数据、物联网、移动技术、云计算等的综合运用，可以帮助建筑行业打破原来的传统发展模式。

（4）工程职业伦理和爱国精神的塑造

中国人民素来有着深沉厚重的精神追求，具有伟大的梦想精神，即使近代以来饱尝屈辱和磨难，也绝不自甘沉沦，而是始终把爱国爱民的志向与民族复兴的梦想统一起来，追求光明美好的未来，在土木工程领域，创造了数个令世人称叹的成功工程。

BIM 技术是建筑行业发展至信息化时期的重要技术，是土木工程、工程造价、工程管理等专业实现"工匠精神"的重要抓手，体现了信息化时代对"大国工匠"的技术基本要求。在精神和思想品质上，不仅要"心有家国"，还要"心有明镜"。

（5）以信息化技术促进基础设施高质量发展

2022 年 10 月，中国共产党第二十次全国代表大会上的报告中指出要建设现代化产业体系。坚持把发展经济的着力点放在实体经济上，推进新型工业化，加快建设制造强国、质量强国、航天强国、交通强国、网络强国、数字中国。实施产业基础再造工程和重大技术装备攻关工程，支持专精特新企业发展，推动制造业高端化、智能化、绿色化发展。巩固优势产业领先地位，在关系安全发展的领域加快补齐短板，提升战略性资源供应保障能力。推动战略性新兴产业融合集群发展，构建新一代信息技术、人工智能、生物技术、新能源、新材料、高端装备、绿色环保等一批新的增长引擎。构建优质高效的服务业新体系，推动现代服务业同先进制造业、现代农业深度融合。加快发展物联网，建设高效顺畅的流通体系，降低物流成本。加快发展数字经济，促进数字经济和实体经济深度融合，打造具有国际竞争力的数字产业集群。优化基础设施布局、结构、功能和系统集成，构建现代化基础设施体系。

以信息化技术促进基础设施高质量发展，开展 BIM 技术的深度应用，充分发挥建筑信息模型（BIM）技术对我国基础设施高质量发展的助推作用，有利于打造数字化、网络化、智能化的创新型基础设施。

1.2 BIM 的工程应用

(1) 新型建筑工业化建筑设计中的应用

新型建筑工业化建筑设计具有标准化、模块化、重复化的特点，形成的数据量大而且重复，在传统技术下需要大量的人力物力来记录整合，并且容易出现错误。而 BIM 模型在建模时可以利用数据共享平台进行数据共享，也可以与各种设计软件结合来设计构件，制定标准和规则，有利于实现标准化。

(2) BIM 技术利于工厂化

工厂化的目的之一是提高构件的精度，靠传统技术记录和生产难免会产生错误和误差，而 BIM 模型中采集的信息会完整地展示给制造人员或者能够完整地导入 BIM 技术其他系统，使得用 BIM 技术进行设计和制造、提高构件的设计精度和制造精度得以实现，有利于实现构件部品的工厂化。

(3) BIM 技术助力实现施工安装装配化

施工时需要大量的人力来记录构件信息，如搭接位置和搭接顺序等，运用 BIM 技术会确保信息的完整和正确。在 BIM 模型中每一构件的信息都会显示出来，3D 模型会准确显示出构件应在的位置和搭接顺序，确保施工安装能够顺利完成。使用 BIM 技术有利于实现施工安装装配化。

(4) 运用 BIM 技术在建模等阶段不断完善各构件的物理信息和技术信息

这些信息自动传递到虚拟施工软件中进行过程模拟，找出错误点并进行修改。运用 BIM 技术还能对建设项目进行真正的全寿命周期管理，将所有的信息都显示在 BIM 模型中，每一个环节都不会出现信息遗漏，直到建筑物报废拆除。运用 BIM 技术有利于实现生产经营信息化。

从目前的建筑业产业组织流程来看，从建筑设计到施工安装，再到运营管理都是相互分离的，这种不连续的过程，使得建筑产业上下游之间的信息得不到有效的传递，阻碍了新型建筑工业化的发展。将每个阶段进行集成化管理，必将大大促进新型建筑工业化的发展。BIM 技术作为集成了工程建设项目所有相关信息的工程数据模型，可以同步提供关于新型建筑工业化建设项目技术、质量、进度、成本、工程量等施工过程中所需要的各种信息并能使设计、制造、施工三个阶段进行模数和技术标准整合。

1.3　BIM 相关软件

目前常用 BIM 软件数量已有几十个，甚至上百之多。但对这些软件，却很难给予一个科学的、系统的、精确的分类。

BIM 建模软件及建模环境

（1）BIM 核心建模软件

1）Autodesk 公司的 Revit 建筑、结构和设备软件常用于民用建筑，是完整的、针对特定专业的建筑设计和文档系统，支持所有阶段的设计和施工图纸。它在国内民用建筑市场上因为此前 AutoCAD 的天然优势，已占用很大市场份额。

2）Bentley 建筑、结构和设备系列，Bentley 产品常用于工业设计（石油、化工、电力、医药等）和基础设施（道路、桥梁、市政、水利等）领域。

3）Graphisoft 公司的 ArchiCAD 软件。ArchiCAD 作为一款最早的、具有一定市场影响力的 BIM 核心建模软件，最为国内同行熟悉。但其定位过于单一（仅限于建筑学专业），与国内"多专业一体化"的体制严重不匹配。

4）Dassault 公司的 CATIA 产品以及 Gery Technology 公司的 Digital Project 产品。其中 CATIA 是全球最高端的机械设计制造软件，在航空、航天、汽车等领域占据垄断地位，且其建模能力、表现能力和信息管理能力，均比传统建筑类软件更具明显优势，但其与工程建设行业尚未能顺畅对接，属其不足之处。Digital Project 则是在 CATIA 基础上开发的一个专门面向工程建设行业的应用软件（即二次开发软件）。其本质还是 CATIA，就跟天正的本质是 AutoCAD 一样。

因此在软件选用上建议如下：单纯民用建筑（多专业）设计，可用 Autodesk Revit；工业或市政基础设施设计，可用 Bentley；建筑师事务所，可选择 ArchiCAD、Autodesk Revit 或 Bentley；所设计项目严重异形、购置预算又比较充裕的，可选用 Digital Project 或 CATIA。这也是在确定 BIM 技术路线时需要考虑的要素。

（2）BIM 方案设计软件

BIM 方案设计软件用在设计初期，其主要功能是把业主设计任务书里面基于数字的项目要求转化成基于几何形体的建筑方案，此方案用于业主和设计师之间的沟通和方案研究论证。BIM 方案设计软件可以帮助设计师验证设计方案和业主设计任务书中的项目要求相匹配。BIM 方案设计软件的成果可以转换到 BIM 核心建模软件里面进行设计深化，并继续验证满足业主要求的情况。目前主要的 BIM 方案软件有 Onuma Planning System 和 Affinity 等。

（3）和 BIM 接口的几何造型软件

设计初期阶段的形体、体量研究或者遇到复杂建筑造型的情况，使用几何造型软件会比直接使用 BIM 核心建模软件更方便、效率更高，甚至可以实现 BIM 核心建模软件无法实现的功能。几何造型软件的成果可以作为 BIM 核心建模软件的输入。目前常用几何造型软件有 SketchUp、Rhino 和 FormZ 等。

（4）BIM 可持续（绿色）分析软件

可持续或者绿色分析软件可以使用 BIM 模型的信息对项目进行日照、风环境、热工、景观可视度、噪声等方面的分析，主要软件有国外的 Echotect、IES、Green Building Studio 以及国内的 PKPM 等。

（5）BIM 机电分析软件

水暖电等设备和电气分析软件国内产品有鸿业、博超等，国外产品有 Design Master、IES Virtual Environment、Trane Trace 等。

（6）BIM 结构分析软件

结构分析软件是目前与 BIM 核心建模软件配合度较高的产品，基本上可实现双向信息交换，即：结构分析软件可使用 BIM 核心建模软件的信息进行结构分析，分析结果对于结构的调整，又可反馈到 BIM 核心建模软件中去，自动更新 BIM 模型。国外结构分析软件有 ETABS、STAAD、Robot 等以及国内的 PKPM，均可与 BIM 核心建模软件配合使用。

（7）BIM 可视化软件

有了 BIM 模型以后，对可视化软件的使用有如下好处：可视化建模的工作量减少了；模型的精度和与设计（实物）的吻合度提高了；可以在项目的不同阶段以及各种变化情况下快速产生可视化效果。常用的可视化软件包括 3DS Max、Artlantis、AccuRender 和 Lightscape 等。

（8）BIM 模型检查软件

BIM 模型检查软件既可以用来检查模型本身的质量和完整性，例如空间之间有没有重叠，空间有没有被适当的构件围闭，构件之间有没有冲突等；也可以用来检查设计是不是符合业主的要求，是否符合规范的要求等。目前具有市场影响的 BIM 模型检查软件是 Solibri Model Checker。

（9）BIM 深化设计软件

Tekla Structures（Xsteel）作为目前最具影响力的基于 BIM 技术的钢结构深化设计软件，可使用 BIM 核心建模软件提交的数据，对钢结构进行面向加工、安装的详细设计，即生成钢结构施工图（加工图、深化图、详图）、材料表、数控机床加工代码等。

（10）BIM 模型综合碰撞检查软件

模型综合碰撞检查软件基本功能包括集成各种三维软件（包括 BIM 软件、三维工厂设计软件、三维机械设计软件等）创建的模型，并进行 3D 协调、4D 计划、可视化、动态模拟等，其实也属于一种项目评估、审核软件。常见模型综合碰撞检查软件有 Autodesk Navisworks、Bentley Projectwise Navigator 和 Solibri Model Checker 等。

（11）BIM 造价管理软件

造价管理软件利用 BIM 模型提供的信息进行工程量统计和造价分析。它可根据工程施工计划动态提供造价管理需要的数据，亦即所谓 BIM 技术的 5D 应用。国外 BIM 造价管理有 Innovaya 和 Solibri，广联达、鲁班则是国内 BIM 造价管理软件的代表。

（12）BIM 运营管理软件

我们把 BIM 形象地比喻为建设项目的 DNA，根据美国国家 BIM 标准委员会的资料，一个建筑物生命周期 75％的成本发生在运营阶段（使用阶段），而建设阶段（设计、施工）的成本只占项目生命周期成本的 25％。建筑物的运营管理阶段服务是 BIM 应用重要的推动力和工作目标，在这方面，美国运营管理软件 ArchiBUS 是最有市场影响的软件之一。

（13）BIM 发布审核软件

最常用的 BIM 成果发布审核软件包括 Autodesk Design Review、Adobe PDF 和 Adobe 3D PDF，正如这类软件本身的名称所描述的那样，发布审核软件把 BIM 的成果发布成静态的、轻型的、包含大部分智能信息的、不能编辑修改但可以标注审核意见的、更多人可以访问的格式（如 DWF、PDF、3D PDF）等，供项目其他参与方进行审核或者利用。

1.4　BIM 建模软件——Revit

1.4.1　软件提供的支持

Revit 是 Autodesk 公司一套系列软件的名称。Revit 系列软件是专为建筑信息模型（BIM）构建的，可帮助建筑设计师设计、建造和维护质量更好、能效更高的建筑。Autodesk Revit 作为一种应用程序，它结合了 Autodesk Revit Architecture、Autodesk Revit MEP 和 Autodesk Revit Structure 软件的功能。Autodesk Revit 是提供支持建筑设计（Architecture）、MEP 工程设计和结构工程（Structure）的工具。

（1）Architecture

Autodesk Revit 软件可以按照建筑设计师的思考方式进行设计，因此，可以提供更高质量、更加精确的建筑设计。

通过使用专为支持建筑信息模型工作流而构建的工具，可以获取并分析概念。强大的建筑设计工具可帮助用户捕捉和分析概念，以及保持从设计到建筑的各个阶段的一致性。

（2）MEP

Autodesk Revit 向暖通、电气和给排水工程师提供工具，可以设计复杂的建筑系统。

使用信息丰富的模型在整个建筑生命周期中支持建筑系统。为暖通、电气和给排水工程师构建的工具可帮助设计师设计和分析高效的建筑系统以及为这些系统编档。

（3）Structure

Autodesk Revit 软件为结构工程师和设计师提供了工具，可以更加精确、高效地设计和建造建筑结构。

Autodesk Revit Architecture 软件能够帮助用户在项目设计流程前期探究最新颖的设计概念和外观，并能在整个施工文档中忠实传达用户的设计理念。Autodesk Revit Architecture 面向建筑信息模型（BIM）而构建，支持可持续设计、碰撞检测、施工规划和建造，同时帮助与工程师、承包商与业主更好地沟通协作。设计过程中的所有变更都会在相关设计与文档中自动更新，实现更加协调一致的流程，获得更加可靠的设计文档。

Autodesk Revit Architecture 全面创新的概念设计功能带来易用工具，帮助用户进行自由形状建模和参数化设计，并且还能够让用户对早期设计进行分析。借助这些功能，用户可以自由绘制草图，快速创建三维形状，交互地处理各个形状。可以利用内置的工具进行复杂形状的概念澄清，为建造和施工准备模型。随着设计的持续推进，Autodesk Revit Architecture 能够围绕最复杂的形状自动构建参数化框架，并为用户提供更高的创建控制能力、精确性和灵活性。从概念模型到施工文档的整个设计流程都在一个直观环境中完成。

（4）Revit 支持的格式

rte 格式：Revit 的项目样板文件格式，包含项目单位、提示样式、文字样式、线型、线宽、线样式、导入/导出设置内容。

rvt 格式：Revit 生成的项目文件格式，通常基于项目样板文件（rte 文件）创建项目文件，编辑完成后，保存为 rvt 文件，作为设计所用的项目文件。

rft 格式：创建 Revit 可载入族的样板文件格式，创建不同类别的族要选择不同的族样板文件。

rfa 格式：Revit 可载入族的文件格式，用户可以根据项目需要创建自己的常用族文件，以便随时在项目中调用。

为了实现多软件环境的协同工作，Revit 提供了导入、链接、导出工具，可以支持 dwf、fbx 等多种文件格式。

1.4.2 新增特性编辑

（1）Revit Server 增强特性

Revit Server 增强特性可以更好地控制中央模型的管理。本地加速器可以连接到多个主机，允许创建分布式 Revit Server 网络。Autodesk Vault Collaboration AEC 工作流也得到了改进。

（2）互操作性增强特性

Revit 可以使用 Bentley MicroStation V7 和 V8 文件格式导入和导出图纸，并改进了导出到 DWF 和 DWG 格式的功能。这增强了工作流和可交付结果的可靠性和可配置性。

（3）IFC 支持

Revit 现已获得 BuildingSMART 国际工业基础类（IFC）版本 2×3 认证。通过该认证后，Revit 将符合包括 GSA 标准在内的全球行业标准。开源的 Revit IFC 导出程序已得到增强，可支持新出现的标准。

（4）Revit 应用商店

Revit Exchange 应用商店是一个 Web 平台，可以轻松地访问附加模块以及 Revit 平台中的其他资源。

(5) 尺寸标注增强特性

Revit 增强了尺寸标注功能。新的直径尺寸标注工具允许选择和删除多线段尺寸链中的单个线段。此外，尺寸标注实例可以显示线段值、等式文本或等式公式字符串。

(6) Autodesk 360 集成

Revit 使得 Autodesk Subscription 客户可以更容易访问集成的 Autodesk 360 功能，包括渲染和能效分析。将设计发送到云，无需中断工作流即可实现更快、质量更高的渲染和分析。

(7) 增强分析模型

对分析模型的增强允许直接处理楼层和基础底板，提供了更大的设计灵活性。增加了新的分析链接元素，可通过连接偏移支柱或梁加快结构分析速度。

(8) 使用区域和路径强化

在 Autodesk Revit 和 Autodesk Revit Structure 软件中，更新了区域和路径强化。可以支撑结构钢筋，很像梁系统和桁架支持结构框架的方式。

(9) 对齐圆角和挂钩

此功能在镫筋/箍筋圆角和挂钩上提供参考，为钢筋连接提供标准竖条和附加参考。这样一来，就可以根据任何计算得到的变化正确地更新竖条，从而帮助保持设计的协调性和精确性。

(10) 结构线构造增强

此功能可以为混凝土元素添加结构线构造。结构线构造增强可放在结构楼板、基础底板和结构墙中以支持项目需求。

(11) 建筑部件施工图

对建筑部件进行了增强，可以更容易地定义和管理施工图的创建工作。可以将部件视图放在常规的非部件图纸上，并可承载常规视图，帮助将设计连接到详细设计。

(12) 360 结构分析

通过云对各种建筑进行静态分析。使用 Autodesk Subscription 提供的 Autodesk 360 结构分析，可以轻松计算同一个模型的不同变体，并使用分析结果在流程早期为设计决策提供信息。

思考题：

1. 分析我国 BIM 市场发展情况及在世界所处的地位。

2. 从火神山、雷神山医院的建设入手，试分析中国速度背后凸显的中国实力。

3. 你知道的我国应用 BIM 的工程实例有哪些？最让你自豪和自信的是什么？

留下你的答案吧

| 第 2 章 | Revit 建模基础

2.1 Revit 基本术语

2.1.1 样板

当我们打开 Revit 准备建模的时候，首先面临的就是项目样板的选择。点击项目下的新建按钮，就会弹出项目样板的选择框。

Revit 共包含了构造样板、建筑样板、结构样板、机械样板以及无这五种样板。项目样板使用文件扩展名为 rte，如图 2-1 所示。

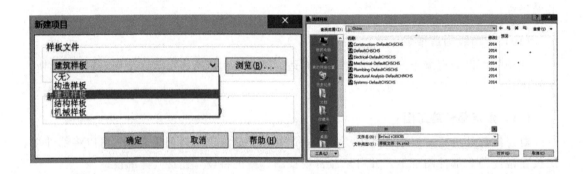

图 2-1　新建项目样板

项目样板包括视图样板、已载入的族、已定义的设置（如单位、填充样式、线样式、线宽、视图比例等）和几何图形。如果把一个 Revit 项目比作一张图纸，那么样板文件就是制图规范，样板文件中规定了这个 Revit 项目中各个图元的表现形式。

2.1.2 项目

在 Revit 中，项目是单个建筑信息模型的设计信息数据库，包含了建筑的所有设计信息，从几何图形到构造数据。这些信息包括用于设计模型的构件、项目视图和设计图纸。通过使用单个项目文件，Revit 可以轻松地修改设计，还可以使修改反映在所有关联区域（平面视图、立面视图、剖面视图、明细表等）中，如图 2-2 所示。

图 2-2 项目样例

2.1.3 组

当需要创建重复布局或需要许多建筑项目实体时，对图元进行分组非常有用。项目或族中的图元成组后，可多次放置在项目或族中。

保存 Revit 的组为单独的文件，只能保存为 rvt 格式，需要用到组时可使用插入选项卡下的"作为组载入"命令，如图 2-3 所示。

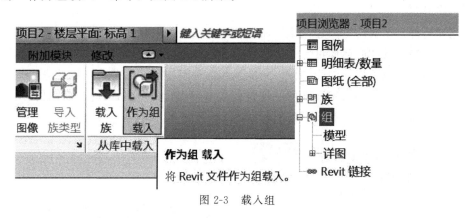

图 2-3 载入组

2.1.4 族

族是一个包含通用属性集和相关图形表示的图元组。所有添加到 Revit 项目中的图元（构成建筑模型的结构构件、墙、屋顶、窗、详图索引、标记等）都是使用族创建的。

2.1.4.1 族与组的区别

族是自己编辑的构件，Revit 模型是由族构成的，里面的墙柱管线，包括标注都是族。

组相当于 CAD 里面阵列的结果，只不过是在 Revit 里面组可以有自己的可调整的数据信息，多个组也可以成组，起到便于调整的作用。

2.1.4.2 Revit 包含的三种族

（1）可载入族

使用族样板 rft 在项目外创建的 rfa 文件，可以载入到项目中，具有高度可自定义的特征，因此可载入族是用户最经常创建和修改的族，如图 2-4 所示为载入族操作。

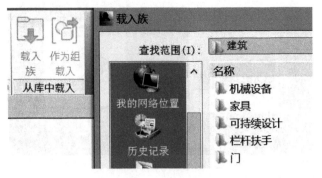

图 2-4　载入族

（2）系统族

系统族是在 Revit 中预定义的族，包含基本建筑构件，如墙、窗和门。例如基本墙系统族包含定义内墙、外墙、基础墙、常规墙和隔断墙样式的墙类型。可以复制和修改现有系统族，但不能创建新系统族。

（3）内建族

使用"构件"下属的"内建模型"命令即可在项目内部创建族模型，也可以使用"体量和场地"菜单中的"内建体量"来进行项目内部体量模型的创建。内建族可以是特定项目中的模型构件，也可以是注释构件。只能在当前项目中创建内建族，因此它们仅可用于该项目特定的对象，例如自定义墙的处理。创建内建族时，可以选择类别，且使用的类别将决定构件在项目中的外观和显示控制，如图 2-5 所示。

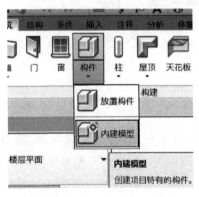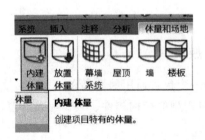

图 2-5　内建族

2.1.5　图元

在创建项目时，可以向设计中添加参数化建筑图元。Revit 按照类别、族和类型对图元进行分类，以柱为例，如图 2-6 所示。

类别：一组用于对建筑设计进行建模或记录的图元。比如，墙、梁、门、窗、柱等这些都是单独以类别划分。

族：族是图元的基础形态，当族创建完成，载入到项目文件中，具有实际意义后，族也就被称为图元。具体地说，图元与族是一个内容的两种不同的称呼，只是图元具有更广

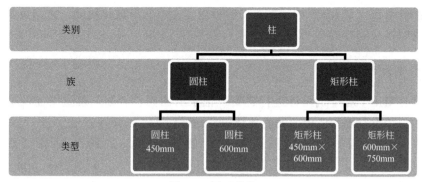

图 2-6　图元分类

泛的概念性意义。

　　类别：每一个族都可以拥有多个类型。类型可以是族的特定尺寸，例如 400mm×
400mm 的圆柱。类型也可以是样式，例如尺寸标注的默认对齐样式或默认角度样式。

　　实例：实例是放置在项目中的实际项（单个图元），它们在建筑（模型实例）或图纸
（注释实例）中都有特定的位置。

　　Revit 在项目中使用 3 种类型的图元：模型图元、基准图元和视图专用图元，如图 2-7 所
示。Revit 中的图元也称为族。族包含图元的几何定义和图元所使用的参数。图元的每个实例
都由族定义和控制。模型图元表示建筑的实际三维几何图形，包括如下：墙、窗、门和屋顶，
结构墙、楼板、坡道，水槽、锅炉、风管、喷水装置和配电盘等。基准图元可帮助定义项目上
下文；视图专有图元只显示在放置这些图元的视图中，它们可帮助对模型进行描述或归档。

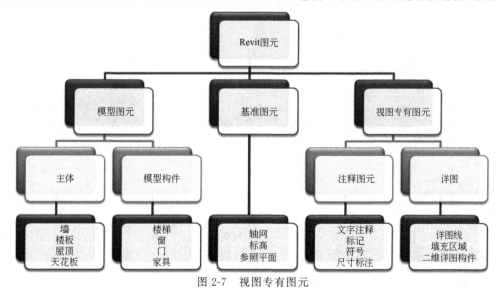

图 2-7　视图专有图元

　　模型图元有 2 种类型：主体（或主体图元）通常在构造场地在位构建；模型构件是建
筑模型中其他所有类型的图元。

　　视图专有图元有 2 种类型：注释图元是对模型进行归档并在图纸上保持比例的二维构
件。例如，尺寸标注、标记和注释记号都是注释图元。详图是在特定视图中提供有关建筑
模型详细信息的二维项。示例包括详图线、填充区域和二维详图构件。

　　这些实现内容为设计者提供了设计灵活性。Revit 图元设计可以由用户直接创建和修

改，无需进行编程。在 Revit 中，在绘图时可以定义新的参数化图元。它们可帮助对模型进行描述或归档。

2.1.6 类别和类型

类别是一组用于对建筑设计进行建模或记录的图元。例如，模型图元的类别包括家具、门窗、卫浴设备等。注释图元的类别包括标记和文字注释等。

类型用于表示同一族的不同参数（属性）值。如某个窗族"双扇平开-带贴面.raf"包含"900mm×1200mm""1200mm×1200mm""1800mm×900mm"三个不同类型。

2.2 Revit 界面介绍

在开始学习具体的软件命令之前，先熟悉软件界面以及基本的操作流程。

Revit 的界面和欧特克公司其他产品的界面非常相似，例如，Autodesk AutoCAD/Autodesk Inventor 和 Autodesk 3ds Max，这些软件的界面都有个明显的特点，它们都是基于"功能区"的概念。这个功能区也可以看成是"固定式工具栏"，位于屏幕的上方，其中排列了多个选项卡，相关的命令按钮和工具条存放于特定的选项卡。在软件操作过程中，功能区选项卡所显示的内容，会随着选择内容的不同而随时变化，如图 2-8 所示。

软件的启动与关闭、用户界面

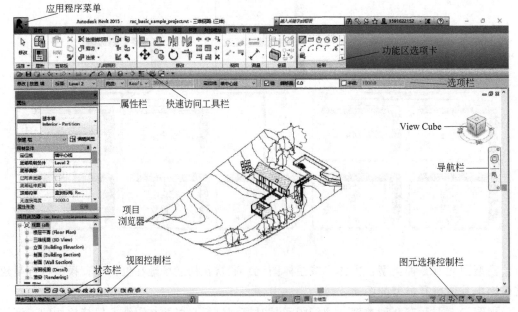

图 2-8 Revit 界面

2.2.1 应用程序菜单

应用程序菜单提供了基本的文件操作命令，包括新建文件、保存文件、导出文件、发布文件以及全局设置。用于启动应用程序菜单的按钮在软件界面的左上角，图标为""，单击这个图标，即可展开应用程序菜单下拉列表，如图 2-9 所示。

2.2.1.1　新建项目文件

单击"🅰"按钮，打开应用程序菜单，将光标移至"新建"按钮上，在展开的"新建"侧拉列表中，单击"项目"按钮，在弹出的"新建项目"对话框中，选择"建筑样板"，单击"确定"按钮。

2.2.1.2　打开族文件

单击"🅰"按钮，打开应用程序菜单，将光标移动到"打开"按钮上，在展开的"打开"侧拉列表中，单击"族"按钮，在弹出的"打开"对话框中，选择需要打开的族文件，单击"打开"按钮，如图 2-10 所示。

图 2-9　应用程序菜单

2.2.1.3　"选项"设置

单击"🅰"按钮，在展开的下拉列表中单击右下角"选项"按钮，弹出"选项"对话框，该对话框包括常规、用户界面、图形、文件位置、渲染、检查拼写、Steering Wheels、ViewCube、宏九个选项卡。

（1）"常规"选项卡

主要用于对系统通知、用户名、日志文件清理、工作共享更新频率、视图选项参数设置。

保存提醒间隔：软件提醒保存最近对打开文件的更改频率；

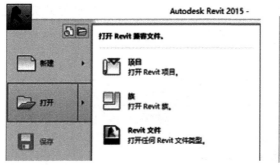

图 2-10　打开族文件

"与中心文件同步"提醒间隔：软件提醒与中心文件同步（在工作共享时）的频率；

用户名：与软件的特定任务关联的标识符，用户名的设置是团队在进行协同工作时必不可少的步骤；

日志文件清理：系统日志清理间隔设置；

工作共享更新频率：软件更新工作共享显示模式频率设置；

视图选项：对视图默认的规程进行设置。

（2）"用户界面"选项卡

主要用于修改用户界面的行为。可以通过选择或清除建筑、结构、系统、体量和场地的复选框，控制用户界面中可用的工具和功能。也可以设置"最近使用的文件"界面是否显示，以及对快捷键进行设置等，如图 2-11 所示。

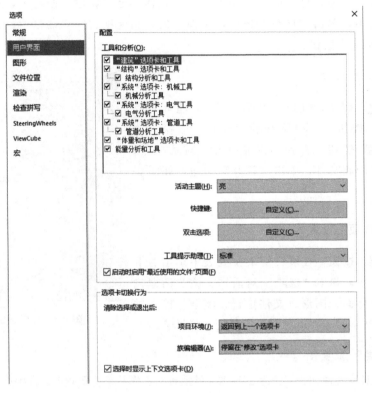

图 2-11 "用户界面"选项卡

自定义快捷键：可通过快捷键自定义功能，为 Revit 工具添加自定义快捷键，形成自己的操作习惯，以提高工作效率，如图 2-12 所示。

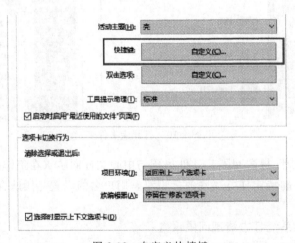

图 2-12 自定义快捷键

通过单击"快捷键"对话框中的"导出"按钮，可以将自定义的快捷键"Keyboard Shortcuts.xml"为文件另存。当更换电脑或新安装软件需重设快捷键时，可单击"导入"按钮把快捷键文件导入软件（提示：导入快捷键会弹出"提醒"对话框，选择覆盖即可）。

(3)"图形"选项卡

用于控制图形和文字在绘图区域中的显示。

反转背景色：勾选"反转背景色"复选框，界面将显示黑色背景。取消勾选"反转背景色"复选框，Revit 界面将显示白色背景。单击"选择""预先选择""警告"后的颜色值即可为选择、预先选择、警告指定新的颜色。

调整临时尺寸标注文字外观：在选择某一构件时，Revit 会自动捕捉其余周边相关图元或参照，并显示为临时尺寸，该项用于设置临时尺寸的字体大小和背景是否透明。

(4)"文件位置"选项卡

主要用于添加项目样板文件，改变用户文件默认位置，可以通过 "⬆▤""⬇▤""➕""▬" 按钮对样板文件进行上下移动或添加删除。也可通过单击"族样板文件默认路径"后的"浏览"按钮，在打开的"浏览文件夹"对话框中选择文件位置，单击"打开"按钮，改变用户文件默认路径。

(5)"Steering Wheels"选项卡

主要用于对 Steering Wheels 视图导航工具进行设置，如图 2-13 所示。

图 2-13　"Steering Wheels"选项卡

文字可见性：对控制盘文字消息、工具提示、光标文字可见性进行设置。

控制盘外观：设置大、小控制盘的尺寸和不透明度。

环视工具行为：勾选"反转垂直轴"复选框，向上拖拽光标，目标视点升高；向下拖拽光标，目标视点降低。

漫游工具：勾选"将平行移动地平面"复选框可将移动角度约束到地平面，视图与地平面平行移动时，可随意四处查看。取消选择该选项，漫游角度不受约束。

速度系数：用于控制移动速度。

缩放工具：勾选"单击一次鼠标放大一个增量"复选框，允许用户通过单次单击缩放视图。

动态观察工具：勾选"保持场景正立"复选框，视图的边将垂直于地平面。

2.2.2　快速访问工具栏

快速访问工具栏包含一组常用的工具，用户可根据实际命令使用频率，对该工具栏进行定义编辑，如图 2-14 所示。

图 2-14　快速访问工具栏

2.2.3　功能区选项卡

选项卡在组织中是最高级的形式，其中包含了已经成组的多种多样的功能。在功能区默认有 11 个选项卡，其中系统选项卡包含机械、电气和管道，用户可在"选项"对话框中，勾选要使用的工具和分析子项，来控制相关选项卡的可见性，如图 2-15 所示。

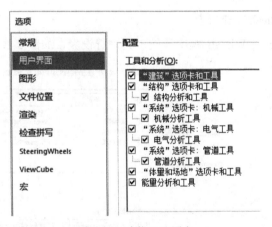

图 2-15　功能区选项卡

2.2.3.1　建筑选项卡

包含了创建建筑模型所需的大部分工具，由构建面板、楼梯坡道面板、模型面板、房间和面积面板、洞口面板、基准面板和工作平面面板组成，如图 2-16 所示。

图 2-16　"建筑"选项卡

当激活"建筑"选项卡的时候，其他选项卡不被激活，看不到其他选项卡中包含的面板，只有当单击其他选项卡的时候才会被激活。

（1）在放置"工作平面"面板，使用" "工具可以在平面视图中绘制参照平面，为设计提供基准辅助。参照平面是基于工作平面的图元，存在于平面空间，在二维视图中可见，在三维视图中不可见。为了使用方便可命名参照平面，选择要设置名称的参照平面，在属性选项板"名称"里输入名字。

（2）Revit 里的每个面板都可以变为自由面板。例如，将光标放置在"楼梯坡道"面板的标题位置按住鼠标左键向绘图区域拖动，"楼梯坡道"面板将脱离功能区域。在屏幕适当位置松开鼠标，该面板将成为自由面板。此时，切换至其他选项卡，"楼梯坡道"面板仍然会显示在放置位置。将光标移动到"楼梯坡道"面板上时，自由面板会显示两侧边框，如图 2-17 所示。单击右上角的" "按钮可以使浮动面板返回到功能区，也可以拖拽左侧" "按钮或标题位置到所需位置释放鼠标。

（3）面板标题旁的箭头表示该面板可以展开。例如，单击"房间和面积"面板标题旁的" "按钮，展开扩展面板，其隐含的工具会显示出来。单击扩展面板左下方" "按钮，扩展面板被锁定，始终保持展开状态。再次单击该按钮取消锁定，此时单击面板以外的区域时，展开的面板会自动关闭，如图 2-18 所示。

图 2-17 设置自由面板

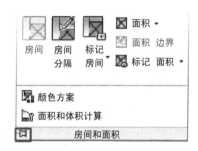

图 2-18 锁定面板

（4）在选项卡名称所在行的空白区域，单击鼠标右键，勾选"显示面板标题"复选框，显示面板标题，如图 2-19 所示。

图 2-19 显示面板标题

（5）按键提示提供了一种通过键盘来访问应用程序菜单、快速访问工具栏和功能区的方式，按 Alt 键显示按键提示，如图 2-20 所示。继续访问"建筑"选项卡，按键盘"A"显示"建筑"选项卡所有命令的快捷方式，单击键盘 Esc 键，隐藏按键提示。

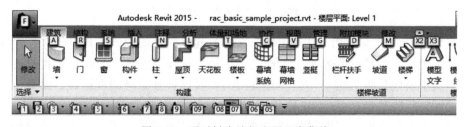

图 2-20 通过键盘访问应用程序菜单

功能区有 3 种显示模式，即最小化为面板按钮、最小化为面板标题、最小化为选项卡。单击功能区最右侧"　　"按钮，可在以上各种状态中进行切换。

2.2.3.2　其他选项卡

（1）"结构"选项卡：包含了创建结构模型所需的大部分工具。

（2）"系统"选项卡：包含了创建机电、管道、给水排水所需的大部分工具。

（3）"插入"选项卡：通常用来链接外部的文件，例如链接二维、三维的图像或者其他的 Revit 项目文件。从族文件中载入内容，可以使用"载入族"命令。"载入族"是通用的命令，在大多数编辑命令的上下文选项卡中都可以找到，如图 2-21 所示。

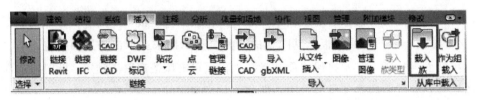

图 2-21　"插入"选项卡

（4）"注释"选项卡：包含了很多必要的工具，这些工具可以实现注释、标记、尺寸标注或者其他的用于记录项目信息图形化的工具，如图 2-22 所示。

图 2-22　"注释"选项卡

（5）"分析"选项卡：用于编辑能量分析的设置以及运行能量模拟，如 Green Building Studio，要求有 Autodesk 速博账户来访问在线的分析引擎。

（6）"体量和场地"选项卡：用于建模和修改概念体量族和场地图元的工具，如添加地形表面、建筑红线等图元。

（7）"协作"选项卡：用于团队中管理项目或者与其他的团队合作使用链接文件。

（8）"视图"选项卡：视图选项卡中的工具用于创建本项目中所需要的视图、图纸和明细表等，如图 2-23 所示。

图 2-23　"视图"选项卡

（9）"管理"选项卡：用于访问项目标准以及其他的一些设置，其中包含了设计选项和阶段化的工具，还有一些查询、警告、按 ID 进行选择等工具，可以帮助我们更好地运行项目。其中最重要的设置之一是"对象样式"，可以管理全局的可见性、投影、剪切以及显示的颜色和线宽。

（10）"修改"选项卡：用于编辑现有的图元、数据和系统的工具，包含了操作图元时需要使用的工具。例如，剪切、拆分、移动、复制和旋转等工具，如图 2-24 所示。

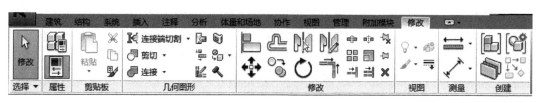

图 2-24　"修改"选项卡

2.2.4　上下文选项卡

除了在功能区默认的 11 个选项卡以外，还有一个选项卡是上下文选项卡。上下文选项卡是在选择特定图元或者创建图元命令执行时才会出现的选项卡，包含绘制或者修改图元的各种命令。退出该工具或清除选择时，该选项卡将关闭。打开样例文件的"上下文选项卡"，切换到南立面视图。例如当项目需要添加或者修改墙时，系统切换到"修改|墙"上下文选项卡，在"修改|墙"上下文选项卡，放置的是关于修改墙体的基本命令，如图 2-25 所示。

图 2-25　上下文选项卡

2.2.5　选项栏、状态栏

（1）选项栏

选项栏位于功能区下方，其内容因当前工具或所选图元而异。在选项栏里设置参数时，下一次会直接采用默认参数。

单击"建筑"选项卡，"构建"面板，"墙"按钮，选项栏如图 2-26 所示。在选项栏中可设置墙体竖向定位面、墙体到达高度、水平定位线、勾选链复选框、设置偏移量以及半径等（其中"链"是指可以连续绘制），偏移量和半径不可以同时设置数值。在展开"定位线"下拉列表中，可选择墙体的定位线。

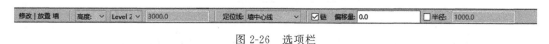

图 2-26　选项栏

在选项栏上，单击鼠标右键，选择"固定在底部"选项，如图 2-27 所示。可将选项栏固定在 Revit 窗口的底部（状态栏上方）。

图 2-27　选项栏固定

（2）状态栏

状态栏在应用程序窗口底部显示。使用某一工具时，状态栏左侧会提供一些技巧或提示，告诉用户做些什么。高亮显示图元或构件时，状态栏会显示族和类型的名称。状态栏默认显示的是"单击可进行选择；按 Tab 键并单击可选择其他项目；按 Ctrl 键并单击可将新项目添加到选择集；按 Shift 键并单击可取消选择"。

2.2.6 "属性"选项板与项目浏览器

"属性"选项板与项目浏览器是 Revit 中常用的面板，在进行图元操作时必不可少。

项目和项目样板、类型属性和实例属性

（1）"属性"选项板

"属性"选项板主要用于查看和修改用来定义 Revit 中图元属性的参数，"属性"选项板由类型选择器、属性过滤器、编辑类型和实例属性 4 部分组成，如图 2-28 所示。

类型选择器：标识当前选择的族类型，并提供一个可从中选择其他类型的下拉列表。在类型选择器上单击鼠标右键，如图 2-29 所示，

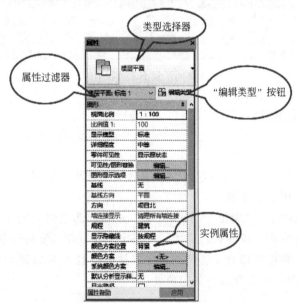

图 2-28 "属性"选项板

然后单击"添加到快速访问工具栏"选项，将类型选择器添加到快速访问工具栏上。也可以单击"添加到功能区修改选项卡"选项，将类型选择器添加到"修改"选项卡。

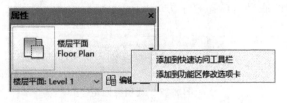

图 2-29 类型选择器

属性过滤器：在类型选择器的下方，用来标识将要放置的图元类别，或者标识绘图区域中所选图元的类别和数量。

编辑类型：同一组类型属性由一个族中的所有图元共用，而且特定族类型的所有实例的每个属性都具有相同的值。在选中单个图元或者一类图元时，单击"编辑类型"按钮，打开"类型属性"对话框即可来查看和修改选定图元或视图的类型属性。修改类型属性的值会影响该族类型，影响当前正在建立和将来要建立的所有实例。

实例属性：标识项目当前视图属性或所选图元的实例参数，修改实例属性的值只影响选择集内的图元或者将要放置的图元。

（2）项目浏览器

项目浏览器用于组织和管理当前项目中包括的所有信息，包括项目中所有视图、明细表、图纸、族、组、链接的 Revit 模型等项目资源，如图 2-30 所示。

项目浏览器呈树状结构，各层级可展开和折叠。使用项目浏览器，双击对应的视图名称，可以在各视图中进行切换。在项目浏览器中，单击"立面"前的"⊞"按钮，展开立面视图列表，然后双击"南"，切换到南立面视图。在打开多个窗口后，可单击视图右上角的"✖"按钮，关闭当前打开的视图窗口，Revit 将显示上次打开的视图。连续单击视图窗口控制栏中的"✖"按钮，直到最后一个视图窗口关闭时，Revit 将关闭项目。

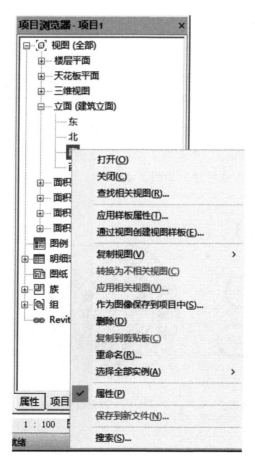

图 2-30　项目浏览器

2.2.7 View Cube 与导航栏

(1) View Cube

View Cube，如图 2-31 所示，默认显示在三维视图窗口的右上角。View Cube 立方体的各顶点、边、面和指南针的指示方向，代表三维视图中不同的视点方向，单击立方体或指南针的各部位可以切换视图的各方向。按住 View Cube 或指南针上任意位置并拖动鼠标，可以旋转视图。在"视图"选项卡，"窗口"面板，"用户界面"下拉列表中，可以设置 View Cube 在三维视图中是否显示，如图 2-32 所示。

项目浏览器、
视图导航、
ViewCube

图 2-31　View Cube

图 2-32　设置 View Cube

(2) 导航栏

导航栏用于访问导航工具，包括 View Cube 和 Steering Wheels，导航栏在绘图区域沿窗口的一侧显示。在"视图"选项卡，"窗口"面板，"用户界面"下拉列表中，可以设置导航栏在三维视图中是否显示。标准导航栏，如图 2-33 所示。单击导航栏上的"◎"按钮可以启动 Steering Wheels，Steering Wheels 是控制盘的集合，通过这些控制盘，可以在专门的导航工具之间快速切换，如图 2-34 所示。

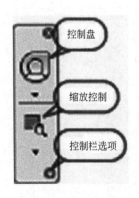

图 2-33　标准导航栏

图 2-34　控制盘

视图控制栏、
图元选择

2.2.8 视图控制栏

视图控制栏位于 Revit 窗口底部、状态栏上方，可以快速访问影响绘图区域的功能，如图 2-35 所示。

1 : 100

图 2-35 视图控制栏

视图控制栏上的命令从左至右分别是：比例 1 ：100 ，详细程度 ，视觉样式 ，打开/关闭日光路径 ，打开/关闭阴影 ，显示/隐藏渲染对话框（仅当绘图区域显示三维视图时才可用） ，裁剪视图 ，显示/隐藏裁剪区域 ，解锁/锁定的三维视图 ，临时隐藏隔离 ，显示隐藏的图元 ，临时视图属性 ，隐藏分析模型 ，高亮显示位移集（仅当绘图区域显示三维视图时才可用） 。

2.3 Revit 基本操作

2.3.1 项目打开、新建和保存

在 Revit 软件运用中，打开、新建和保存是一个项目最基本的操作。

启动 Revit 时，默认情况下将显示"最近使用的文件"窗口，在该界面中，Revit 会分别按时间顺序依次列出最近使用的项目文件和最近使用的族文件缩略图和名称，如图 2-36 所示。

图 2-36 默认窗口

2.3.1.1 打开项目文件、族文件

（1）打开项目文件

在"最近使用的文件"窗口中，单击"项目"下的"打开"按钮，在弹出的"打开"对话框中，选择需要打开的项目文件，单击"打开"按钮，如图 2-37 所示。

在"最近使用的文件"窗口中，单击"缩略图"打开项目文件。

单击" "按钮，将光标移动到"打开"按钮上，在展开的"打开"侧拉列表中，单击"项目"按钮，在弹出的"打开"对话框中，选择需要打开的项目文件，单击"打开"按钮。

（2）打开族文件

在"最近使用的文件"窗口中，单击"族"下的"打开"按钮，在弹出的"打开"对话框中（如图 2-38 所示）选择需要打开的族文件，单击"打开"按钮。

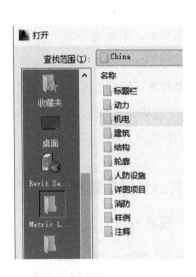

图 2-37　打开项目文件　　　　　　　　　　图 2-38　打开族文件

2.3.1.2　新建项目文件、族文件

（1）新建项目文件

在"最近使用的文件"窗口中，单击"项目"下的"新建"按钮，在弹出的"新建项目"对话框中，选择需要的样板文件，单击"确定"按钮，如图 2-39 所示。在系统默认的样板文件中，如果找不到所需要的文件，可在"新建项目"对话框中单击"浏览"按钮，在打开的"选择样板"对话框中，选择所需要的样板文件，单击"打开"按钮，如图 2-40 所示。

图 2-39　新建项目　　　　　　　　　　　图 2-40　选择项目模板

（2）新建族文件

在"最近使用的文件"窗口中，单击"族"下方的"新建"按钮，在弹出的"新建-选择样板文件"对话框中，选择需要的样板文件，如"公制常规模型"族样板。

在"最近使用的文件"窗口中，单击"族"下方的"新建概念体量"按钮，在弹出的

"新概念体量-选择样板文件"对话框中选择"公制体量"选项，单击"打开"按钮，如图 2-41 所示。

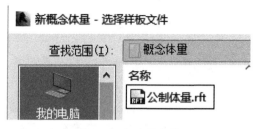

图 2-41　新建族文件

单击"🗋"按钮，将光标移动到"新建"按钮上，在展开的"新建"侧拉列表中，单击"族"按钮，在弹出的"新建-选择样板文件"对话框中，选择需要打开的样板文件，单击"打开"按钮。

2.3.1.3　保存项目文件、族文件

（1）保存项目文件

单击"🗋"按钮，单击"保存"按钮（或者 Ctrl＋S），或单击"快速访问工具栏"上的"💾"按钮，在打开的"另存为"对话框中命名文件，选择需要保存的文件类型，单击"保存"按钮，项目可以保存为"项目文件（rvt 格式）"，也可以保存为"样板文件（rte 格式）"，如图 2-42 所示。

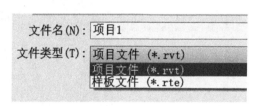

图 2-42　保存项目文件

（2）保存族文件

单击"🗋"按钮，单击"保存"按钮（或者 Ctrl＋S），或单击"快速访问工具栏"上的"💾"按钮，在打开的"另存为"对话框中命名文件，选择需要保存的文件类型，单击"保存"按钮，族文件只能保存为"rfa"格式的文件。

2.3.2　视图窗口

Revit 窗口中的绘图区域显示当前项目的视图以及图纸和明细表。每次打开项目视图时，默认情况下此视图窗口会显示在绘图区域中其他打开视图窗口的上面，其他视图窗口仍处于打开的状态，但是这些视图窗口在当前视图窗口的下面。使用"视图"选项卡，将打开的复数视图窗口按"平铺""层叠"等规律的方式排放。如图 2-43 所示。

例如，图 2-44 中是"北立面"视图所显示的模型，看不到"标高 1"和"三维视图 1"中的模型，当点击"平铺视图"后，三个视图的模型就都可以看得到，见图 2-45。

图 2-43　视图窗口

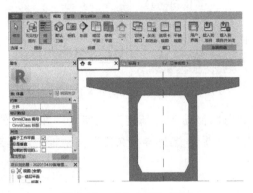

图 2-44　"北立面"视图

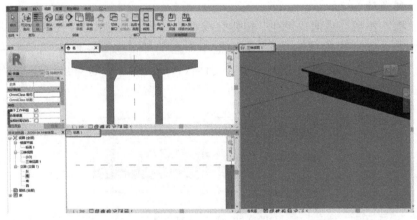

图 2-45　平铺视图

2.3.3　修改面板

修改面板中提供了用于编辑现有图元、数据和系统的工具，包含了操作图元时需要使用的工具。例如：剪切、拆分、移动、复制、旋转等常用的修改工具，如图 2-46 所示。左侧 8 个大图标第一排从左至右依次为：对齐工具、偏移工具、镜像（拾取轴）工具、镜像（绘制轴）工具；第二排从左至右依次为：移动工具、复制工具、旋转工具、修剪工具；右侧小图标分别为：左上框内为不同的拆分工具；右侧框内为锁定/解锁工具；左下框内为不同的修剪工具；中间两个从左至右分别为阵列、缩放工具；右下角为删除工具。

修改编辑工具

快捷键、临时尺寸标注

图 2-46 修改面板

（1）对齐工具

对齐工具的快捷键为"AL"，可以将一个或多个图元与选定的图元对齐。可以锁定对齐，确保其他模型修改时不会影响对齐。操作举例如下。

① 将窗户底部对齐到墙体底部。单击"修改"选项卡，"修改"面板，"$\boxed{\text{L}}$"按钮，在状态栏中会出现使用对齐工具的提示信息"选择要对齐的线或点参照"，配合键盘 Tab 键选择墙体底部，在墙体底部会出现蓝色虚线，状态栏中提示"选择要对齐的实体（它将同参照一起移动到对齐状态）"，单击窗户的底部，将窗户底部对齐到墙体底部，此时会出现锁形标记，单击锁形标记将门与墙体进行锁定，如图 2-47 所示。

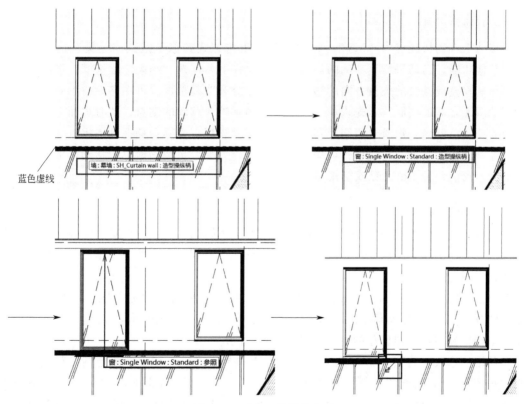

图 2-47 对齐工具操作方式

继续对齐第二个窗户：再次单击墙体底部，单击窗户底部，按 Esc 两次退出对齐命令。

将窗顶部对齐到参照平面上：单击"🔲"按钮，在选项栏上，勾选"多重对齐"复选框（也可以在按住 Ctrl 键的同时选择多个图元进行对齐），选择参照平面，依次单击窗顶部。

② 将模型线左侧的端点对齐到轴网上。单击"修改"选项卡，"修改"面板，"🔲"按钮，单击模型线左侧的端点，再次单击轴网线，如图 2-48 所示，按 Esc 键再次退出对齐命令。

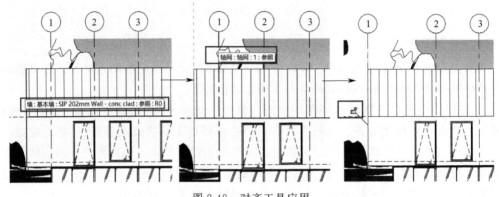

图 2-48 对齐工具应用

(2) 移动工具

移动工具的快捷键为"MV"。移动工具的工作方式类似于拖拽，但是在选项栏上提供了其他功能，允许进行更精确的放置。在选项栏上，勾选"约束"复选框，可限制图元沿着与其垂直或共线的矢量方向的移动。勾选"分开"复选框，可在移动前中断所选图元和其他图元之间的关联。首先，单击一次，目的是输入移动的动点，此时页面上将会显示该图元的预览图像，沿着希望图元移动的方向移动光标，光标会捕捉到捕捉点，此时会显示尺寸标注作为参考，再次单击以完成移动操作，如果要更精确地进行移动，输入图元要移动的距离值，按 Enter 键或空格键。

(3) 偏移工具

偏移工具的快捷键为"OF"。将选定的图元（例如线、墙或梁）复制或移动到其长度的垂直方向上的指定距离处，可以偏移单个图元或属于同一个族的一连串图元。可以通过拖拽选定图元或输入值来指定偏移距离。

单击"修改"选项卡-"修改"面板-"🔲"按钮，在选项栏上，选择"图形方式"，勾选"复制"，单击玻璃幕墙的底部墙体，再次单击玻璃幕墙选择偏移的起点，在参照平面上单击鼠标左键确定偏移的终点，如图 2-49 所示。

单击"修改"选项卡-"修改"面板-"🔲"按钮，在选项栏上，指定偏移距离的方式为"数值方式"，勾选"复制"，在偏移框中输入"500.0"，如图 2-50 所示。将光标放置在墙体内侧，配合键盘 Tab 键选择玻璃幕墙的整条链，单击鼠标左键，按 Esc 退出对齐命令。

(4) 复制工具

复制工具的快捷键为"CO"，也可以按住 Ctrl 键，拖拽键盘左键进行复制，复制工

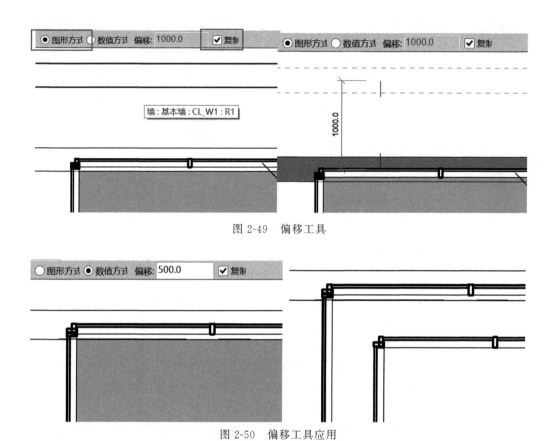

图 2-49　偏移工具

图 2-50　偏移工具应用

具可复制一个或多个选定图元。复制工具与"复制到剪贴板"工具不同，复制某个选定图元并立即放置该图元时可使用复制工具。在放置副本之前切换视图时，可使用"复制到剪切板"工具。选择要复制的图元，单击"修改│＜图元＞"选项卡-"修改"面板-"🖫"按钮；或单击"修改"选项卡-"修改"面板-"🖫"按钮，选择要复制的图元，然后按Enter键或空格键。

　　例如：复制建筑构件"柱"。选择想要复制的"柱"，在"修改│＜柱＞"上下文选项卡，单击"修改"面板，"🖫"按钮。在选项栏上，勾选"约束"和"多个"复选框，单击"轴线 2"作为复制的起点，向右移动鼠标，单击"轴线 3"作为复制的终点。因为已经勾选"多个"复选框，所以可以继续向右复制，如图 2-51 所示。单击"修改"选项卡-"修改"面板-"🖫"按钮，选择柱，然后按 Enter 键或空格键。在选项栏上取消勾选"约束"复选框，单击家具的中心位置作为复制起点，向右下方移动鼠标单击一点作为复制终点，如图 2-52 所示，按 Esc 键两次退出复制命令。

（5）旋转工具

　　旋转工具的快捷方式为"RO"，使用旋转工具可使图元围绕轴旋转。在楼层平面视图、天花板投影平面视图、立面视图和剖面视图中，图元会围绕垂直于这些视图的轴进行旋转。在三维视图中，该轴垂直于视图的工作平面。如果需要，可以拖动或单击旋转中心控件，按空格键，或在选项栏选择旋转中心，以重新定位旋转中心，然后单击鼠标指定第一条旋转线，再单击鼠标来指定第二条旋转线。

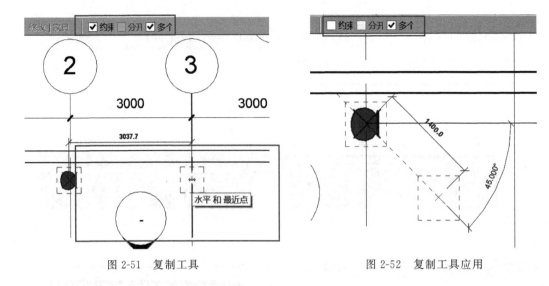

图 2-51　复制工具　　　　　　　图 2-52　复制工具应用

（6）镜像

镜像工具使用一条线作为镜像轴，对所选模型图元执行镜像（反转其位置），可以拾取镜像轴，也可以绘制临时轴。使用镜像工具可以翻转选定图元，或者生成图元的一个副本并反转其位置。选择要镜像的图元，单击"修改｜＜图元＞"选项卡中的"修改"面板，单击"▷◁"或者"◁▷"按钮；或单击"修改"选项卡，"修改"面板，"▷◁"或"◁▷"按钮，选择要旋转的图元，然后按 Enter 键或空格键。

例如：如图 2-53 所示，将门进行镜像练习，选中想要镜像的门，单击"修改"面板"▷◁"按钮，单击参照平面；或者单击"◁▷"按钮，选择门，然后按 Enter 键，根据需要在适当的位置绘制镜像轴。

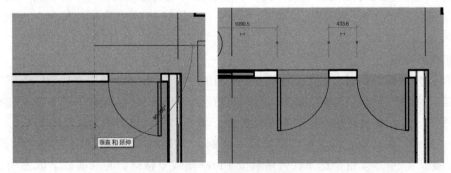

图 2-53　镜像工具应用

（7）阵列工具

阵列工具的快捷方式为"AR"。阵列工具用于创建选定图元的线性阵列或半径阵列，使用阵列工具可以创建一个或多个图元的多个实例，并同时对这些实例执行操作。可以指定图元之间的距离，阵列中的实例可以是组的成员。阵列可以分为线性阵列▥和径向阵列◌两种。当在选择阵列工具后，在选项栏上会有移动到第二个和最后一个的选项。

对图元——植物进行阵列：如图 2-54 所示，选择植物，在"修改｜植物"上下文选项卡，单击"修改"面板，"▦"按钮，在选项栏上选择"线性"命令，勾选"成组并关联"复选框，项目数为"4"，勾选"第二个"复选框，勾选"约束"复选框，选择植物的端点，输入距离为"2000mm"，然后按 Enter 键。在数字框中可以根据绘图需要来改变图元的个数，按 Esc 键结束操作。当再次选择植物时，植物是成组的，单击"成组"面板，"⬚"按钮，可将它们解组。

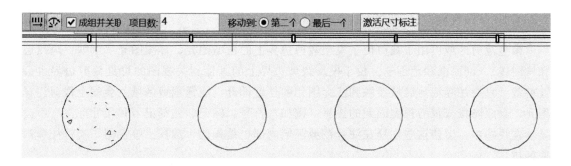

图 2-54　阵列工具应用

（8）缩放工具

缩放工具的快捷方式为"RE"，可以调整选定项的大小，通常是调整线性类图元（如墙体和草图线）的大小，缩放的方式有两种，分别为"图形方式"和"数值方式"。

例如：新建项目文件，使用墙工具绘制一段墙体。选中墙体，在"修改｜墙"上下文选项卡，单击"修改"面板"⬚"按钮，在选项栏上，选择"图形方式"复选框，单击墙体上一点作为缩放起点，移动光标时会有缩放的预览图像出现，单击一点作为缩放终点，如图 2-55 所示。

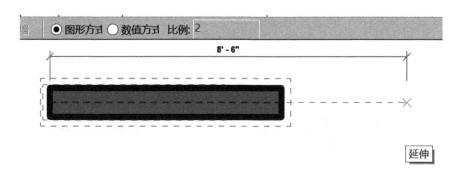

图 2-55　缩放工具应用

（9）修剪/延伸

使用修剪和延伸工具，可以修剪或延伸一个或多个图元到有相同的图元类型定义的边界上，也可以延伸不平行的图元至形成角，或者在它们相交时进行修剪以形成角。选择要修剪的图元时，光标位置指定要保留的图元部分。

2.3.4　视图裁剪、隐藏和隔离

裁剪区域定义了项目视图的边界，可以在所有图形项目视图中显示模型裁剪区域和注释裁剪区域。如果只是想查看或编辑视图中特定类别的少数几个图元时,临时隐藏或隔离图元/图元类别会很方便。隐藏工具可在视图中隐藏所选图元,隔离工具可在视图中显示所选图元并隐藏所有其他图元,该工具只会影响绘图区域中的活动视图。当关闭项目时,除非该修改是永久性修改,否则图元的可见性将恢复到初始状态。

2.3.4.1 视图裁剪

模型裁剪区域可用于裁剪位于模型裁剪边界上的模型图元、详图图元(例如:隔热层和详图线)、剖面框和范围框。位于模型裁剪边界上的其他相关视图的可见裁剪边界也会被剪裁。只要注释裁剪区域接触到注释图元的任意部分,注释裁剪区域就会完全裁剪注释图元,参照隐藏或裁剪模型图元的注释(例如:符号、标记、注释记号和尺寸标注)不会显示在视图中,即使这些注释在注释裁剪区域内部也是如此,透视三维视图不支持注释裁剪区域。

在视图控制栏上单击"![按钮]"按钮或者在"属性"选项栏勾选"裁剪区域可见""注释裁剪"复选框,可控制裁剪区域可见性,如图2-56所示。

可以通过使用控制柄或明确设置尺寸来根据需要调整裁剪区域的尺寸。使用拖拽控制柄调整裁剪区域的尺寸:选择裁剪区域,拖拽控制柄到所需位置。使用截断线控制柄"![控制柄]"调整裁剪区域的尺寸:当将光标放置在截断线控制柄附近时,×表示将删除的视图部分,截断线控制柄"![控制柄]"可将视图截断为单独区域,如图2-57所示。

范围	
裁剪视图	☑
裁剪区域可见	☑
注释裁剪	☑
远剪裁	不剪裁
远剪裁偏移	21301.2
范围框	无

图 2-56 视图控制栏

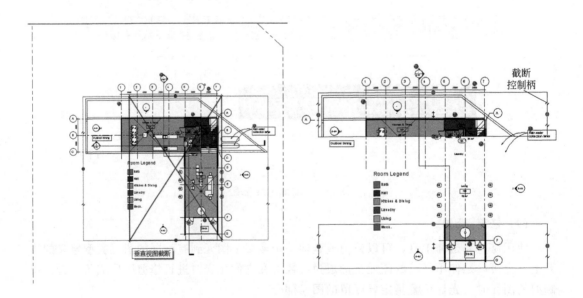

图 2-57 视图控制应用

2.3.4.2　隐藏

　　临时隐藏或隔离图元/图元类别：在绘图区域中，选择一个或多个图元，在视图控制栏上，单击"🗨"按钮，然后选择下列选项之一：

　　① 隔离类别：选择屋顶，单击"隔离类别"按钮，只有屋顶在视图中可见，如图 2-58 所示。

　　② 隐藏类别：隐藏视图中的所有选定类别。选择屋顶，单击"隐藏类别"按钮，所有屋顶都会在视图中隐藏，如图 2-59 所示。

图 2-58　隔离类别

图 2-59　隐藏类别

③ 隔离图元：仅隔离选定图元，选择屋顶，单击"隔离图元"按钮，只有被选择的屋顶会在视图中可见，如图 2-60 所示。

④ 隐藏图元：仅隐藏选定图元，选择屋顶，单击"隐藏类别"按钮，只有被选择的屋顶会在视图中隐藏，如图 2-61 所示。

图 2-60　隔离图元

图 2-61　隐藏图元

临时隐藏/隔离图元或图元类别时，将显示带有边框的"临时隐藏/隔离"图标（🖼️）。在视图控制栏上，单击"🖼️"按钮，然后单击"重设临时隐藏/隔离"按钮，所有临时隐藏或隔离的图元将恢复到视图中，退出"临时隐藏/隔离"模式并保存修改。在视图控制栏上，单击"🖼️"按钮，然后单击"将隐藏/隔离应用到视图"按钮，重新恢复到原来的状态则在视图控制栏上单击"🖼️"按钮。此时，"显示隐藏的图元"的图标和绘图区域将显示一个彩色边框，用于指示处于显示隐藏图元模式下，所有隐藏或隔离的图元都以彩色显示，而可见图元则显示为半色调。选择隐藏或隔离的图元，在图元上单击鼠标右键，展开取消在视图中隐藏的侧拉列表选择图元或类别。最后在视图控制栏上，单击

"显示隐藏的图元"按钮。

2.4　Revit 项目设置

一般情况下，不同的项目有不同的项目信息和项目单位，项目信息和项目单位是根据项目的环境来进行设置的，不论是项目还是考试，都是根据要求来设置具体的信息。

2.4.1　项目信息、项目单位

（1）项目信息

如图 2-62 所示，打开新建筑样板，单击"管理"选项卡"设置"面板中"项目信息"按钮，Revit 会弹出"项目属性"对话框。在"项目属性"对话框中，可以看到项目信息是一个系统族，同时包含了"标识数据"选项卡、"能量分析"选项卡和"其他"选项卡。"其他"选项卡中包括项目发布日期、项目状态、客户姓名、项目地址、项目名称、项目编号和审定。

图 2-62　项目信息

在"标识数据"选项卡里设置组织名称、组织描述、建筑名称以及作者。在"能量分析"选项卡中，可以设置"能量设置"。"能量设置"对话框（图 2-63）中包含了"通用"选项卡、"详图模型"选项卡、"能量模型"选项卡。"通用"选项卡又包含建筑类型、位置、地平面。

参数	值
通用	
建筑类型	办公室
位置	中国北京
地平面	标高 1
详图模型	
导出类别	房间
导出复杂性	简单的着色表面
包含热属性	☐
工程阶段	新构造
小间隙空间允差	304.8
建筑外围	使用功能参数
分析网格单元格尺寸	914.4
能量模型	
分析空间分辨率	457.2
分析表面分辨率	304.8
核心层偏移	3600.0
分割周长分区	☑
概念构造	编辑…

图 2-63　"能量设置"对话框

（2）项目单位

单击"管理"选项卡"设置"面板中"项目单位"按钮，弹出"项目单位"对话框，如图 2-64 所示。可以设置相应规程下每一个单位所对应的格式。

图 2-64　"项目单位"设置

2.4.2　材质、对象样式

单击"管理"选项卡"设置"面板中的"材质"按钮，如图 2-65 所示。弹出"材质浏览器"对话框。

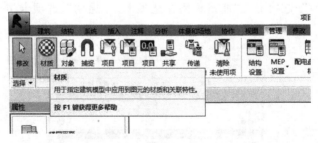

图 2-65　材质

在"材质浏览器"对话框中，由 5 个部分组成，记号①处是搜索，可以搜索项目材质列表里的所有材质，例如输入："水泥"两个字，材质列表里会出现水泥相关的材质，如图 2-66 所示。

（1）复制/新建材质

以创建一个"镀锌钢板"材质为例。通过上一步打开"材质浏览器"对话框之后，在项目材质列表里选择"不锈

图 2-66　材质浏览器

钢"材质，单击右键，在下拉列表中选择"重命名"选项，直接将其名称改成"镀锌钢板"。单击"确定"按钮，退出"材质浏览器"对话框，如图 2-67 所示。

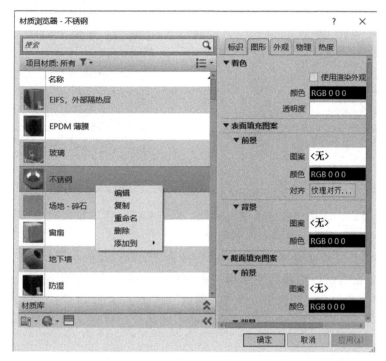

图 2-67　复制/新建材质

（2）添加项目材质

打开"材质浏览器"对话框之后，选择"AEC 材质"里的"金属"选项，同时右边的材质库列表会显示金属的相关材质，选择"金属嵌板"材质，右边会出现隐藏的按钮，单击 按钮，该材质会自动添加到项目材质列表中，如图 2-68 所示。

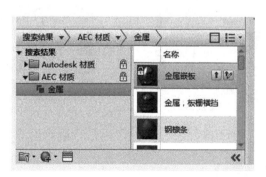

图 2-68　添加项目材质

（3）创建新材质库

根据（2）中的步骤，打开"材质浏览器"对话框之后，单击左下方 按钮，选择"创建新库"选项，弹出"选择文件"对话框。浏览到桌面上，输入文件名为"我的材质.adskilb"。确定库文件的后缀为 .adsklib，并单击"保存"按钮，Revit 将创建新材质库如图 2-69 所示。

① 选择"我的材质"材质库，单击右键，在下拉列表中选择"创建类别"按钮，新类别将创建在该库的下面，如图 2-70 所示，修改类别名称为"我的金属"。

图 2-69　材质浏览器　　　　　　　　　　图 2-70　修改"我的材质"

② 创建新类别。选择"我的金属"类别，单击右键，在下拉列表中选择"创建类别"继续创建出更多的新类别，并且对其进行重命名。

③ 可以将项目材质列表里的"不锈钢"材质添加到"我的金属"类别里，选择"不锈钢"材质，单击右键，侧拉列表选择"添加到"选项，继续在侧拉列表选择"我的材质"，继续选择"我的金属"按钮，该"不锈钢"材质会自动添加到"我的金属"类别列表中，对其进行重命名，如图 2-71 所示。单击"确定"按钮，退出"材质浏览器"对话框。

④ 同理，也可以将材质库列表的材质添加到"我的金属"类别里。

⑤ 在 AEC 材质库里选择"金属"按钮，选择"钢"材质，单击右键，再选择"添加到"选项，选择"我的材质"选项，继续选择"我的金属"选项，如图 2-72 所示，该材质会添加到"我的金属"类别里。单击"确定"按钮，退出"材质浏览器"对话框。

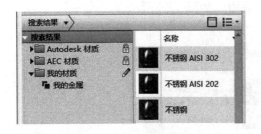

图 2-71　重命名"我的材质"　　　　　　图 2-72　添加到"我的材质"

2.4.3　项目参数

项目参数用于指定可添加到项目中的图元类别及在明细表中使用的参数，注意项目参数不可以与其他项目或族共享，也不可以出现在标记中。

【例 2-1】　以第七期全国 BIM 技能等级考试一级试题第五题"独栋别墅"项目为例，设置门、窗属性，添加实例项目参数，名称为"编号"。题目图纸首层平面图见 2-73。

【解题步骤】　① 单击"管理"选项卡"设置"面板中"项目参数"按钮，弹出"项

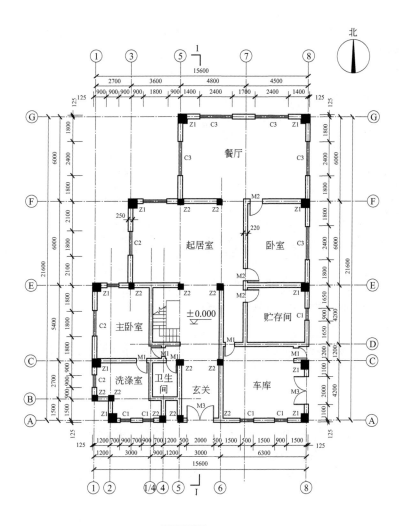

首层平面图   1:150

图 2-73   独栋别墅首层平面图

目参数"对话框,Revit 会给出一些项目参数供选择,单击右边的"添加"按钮,弹出
"参数属性"对话框。

② 如图 2-74 所示,确定参数类型为项目参数,在右边类别栏中,"过滤器列"后面
选择"建筑",在下拉列表中勾选"窗"和"门"两个类别。在左边"参数数据"下输入
名称为"编号",设置"参数类型"为"文字",确定勾选"实例",单击"确定"按钮,
退出"参数属性"对话框。

同时,在"项目参数"对话框里显示刚刚创建的项目参数"编号",处于选中状态下,
单击"确定"按钮,退出"项目参数"对话框,当选中项目中的门或窗时,"属性"选项
板中实例属性将出现"编号"参数,如图 2-75 所示。

用明细表统计门窗数量时,项目参数会出现在明细表字段中,例如:创建门明细表,
若统计门的"编号",如图 2-76 所示,在"明细表属性"对话框中,点击"添加"可以将
它添加到右边的明细表字段中。

参数属性

参数类型

◉ 项目参数(P)

  （可以出现在明细表中，但是不能出现在标记中）

○ 共享参数(S)

  （可以由多个项目和族共享，可以导出到 ODBC，并且
  和标记中）

参数数据

名称(N):

编号

规程(D):

公共

参数类型(T):

文字

参数分组方式(G):

文字

工具提示说明:

〈无工具提示说明。编辑此参数以编写自定义工具提示〈

编辑工具提示(O)...

☑ 添加到所选类别中的全部图元(R)

○ 类型(Y)

◉ 实例(I)

◉ 按组类型对

○ 值可能因组

类别(C)

过滤器列 [建筑] ▾

☐ 隐藏未选中类别(U)

- ☐ 电气装置
- ☐ 电气设备
- ☑ 窗
- ☐ 竖井洞口
- ☐ 组成部分
- ☐ 结构加强板
- ☐ 结构基础
- ☐ 结构柱
- ☐ 结构框架
- ☐ 结构梁系统
- ☐ 结构连接
- ☐ 结构钢筋
- ☐ 视图
- ☐ 详图项目
- ☐ 轴网
- ☐ 道路
- ☐ 部件
- ☑ 门

选择全部(A)　　放弃全部(E)

图 2-74　参数属性

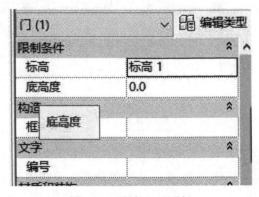

图 2-75　"属性"选项板

明细表属性

| 字段 | 过滤器 | 排序/成组 | 格式 | 外观 |

可用的字段(V):

- 类型 IfcGUID
- 类型图像
- 类型标记
- 类型注释
- 粗略宽度
- 粗略高度
- 编号
- 说明
- 部件代码

添加(A) --

<-- 删除(R

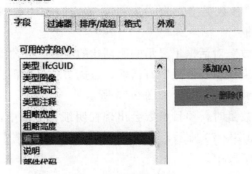

图 2-76　明细表属性

2.4.4　项目地点和旋转正北设置

2.4.4.1　项目地点

项目地点是用于指定项目的地理位置，可以用"Internet 映射服务"，通过搜索项目位置的街道地址或者项目的经纬度来直观显示项目位置。在为日光研究、漫游和渲染图像生成阴影时，该适用于整个项目范围的设置非常有用。

【例 2-2】　以第七期全国 BIM 技能等级考试一级试题第五题"独栋别墅"项目为例，设置项目地点为"中国上海"。

【解题步骤】　打开"独栋别墅"项目文件，单击"管理"选项卡"项目位置"面板中的"地点"按钮。弹出"位置、气候和场地"对话框，如图 2-77 所示。

方法一：在"位置"选项卡下"定义位置依据（D）"下选择"默认城市列表"选项，在"城市"后面单击下拉列表符号，展开其下拉列表，从列表中选择"上海，中国"选项，单击"确定"按钮，退出"位置、气候和场地"对话框。

方法二：打开"位置、气候和场地"对话框，若计算机连接到 Internet，在"位置"选项卡下"定义位置依据（D）"下选择"Internet 映射服务"选项，如图 2-78 所示，输入项目地址名称为"Shanghai，China"，单击搜索。通过 Google Maps（谷歌地图）地图服务显示项目的位置以及显示经度和维度。单击"确定"按钮，退出"位置、气候和场地"对话框。

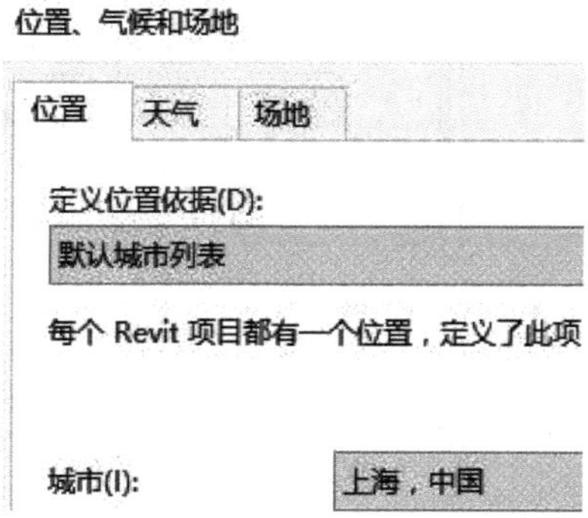

图 2-77　位置、气候和场地

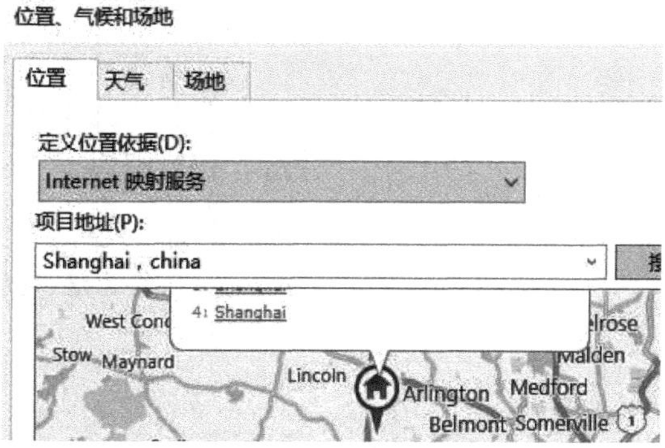

图 2-78　设置定位

2.4.4.2　旋转正北

旋转正北可以相对于"正北"方向修改项目的角度。

【例 2-3】　以第七期全国 BIM 技能等级考试一级试题第五题"独栋别墅"项目为例，设置首层平面图正北方向为"北偏东 30°"。

【解题步骤】　打开"独栋别墅"项目文件，切换至首层平面图，修改"属性"选项板里方向为"正北"。然后单击"管理"选项卡"项目位置"面板"位置"按钮。展开下拉列表，选择"旋转正北"选项，在选项栏中输入从项目到正北方向的角度为 30°，修改后面的方向为"西"，按一次键盘 Enter 键，Revit 会自动调整正北方向，如图 2-79 所示。

若不设置选项栏数值，也可以直接向东转 30° 即可，如图 2-80 所示，单击选项栏旋转中心后面的"地点"按钮，可以重新设置旋转中心或配合键盘空格键，也可以重新设置旋转中心。

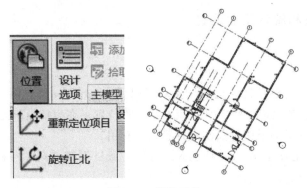

图 2-79　旋转正北

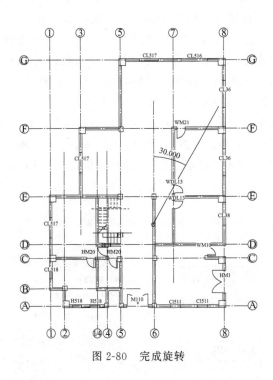

图 2-80　完成旋转

2.4.5　项目基点、测量点

项目基点定义了项目坐标系的原点（0，0，0）。此外，项目基点还可用于在场地中确定建筑的位置，并在构造期间定位建筑的设计图元。参照项目坐标系的高程点坐标和高程点相对于此点显示。

打开视图中的项目基点和测量点的可见性，切换至场地平面图，单击"视图"选项卡"图形"面板中"可见性/图形"按钮，弹出"可见性/图形"对话框（快捷键 VV），在"可见性/图形"对话框的"模型类别"选项卡中，向下滚动到"场地"并将其展开。勾选"项目基点"和"测量点"，如图 2-81 所示。"项目基点"和"测量点"可以在任何一个楼层平面图中显示。

图 2-81　项目基点

图 2-82　创建线样式

2.4.6　其他设置

其他设置用于定义项目的全局设置，可以使用这些设置来自定义项目的属性，例如，单位、线型、载入的标记、注释记号和对象样式。以第七期全国 BIM 技能等级考试一级试题第五题"独栋别墅项目为例"，本节主要讲解线样式、线宽、线型图案。

（1）创建线样式

单击"管理"选项卡"设置"面板"其他设置"按钮，展开下拉列表，如图 2-82 所示。

弹出"线样式"对话框，单击右下方修改子类别下"新建"按钮，弹出"新建子类别"对话框，输入名称为"模拟线"，单击"确定"按钮，退出"新建子类别"对话框。设置模拟线的颜色为"红色"，单击"确定"按钮，如图 2-83 所示，再次单击"确定"按钮，退出"线样式"对话框。

（2）线宽

用于创建或修改线宽，可以控制模型线，透视视图线或注释线的线宽。对于模型图元，线宽取决于视图比例。单击"管理"选项卡"设置"面板"其他设置"按钮，展开下拉列表，选择"线宽"选项。打开"线宽"对话框，线宽分为模型线宽、透视视图线宽。模型线宽共 16 种，每种都可以根据每一个视图指定大小。单击右边的"添加"按钮，打开"添加比例"对话框，单击下拉列表符号按钮，展开下拉列表，选择 1：100，单击"确定"按钮，如图 2-84 所示，再次单击"确定"按钮，退出"线宽"对话框。

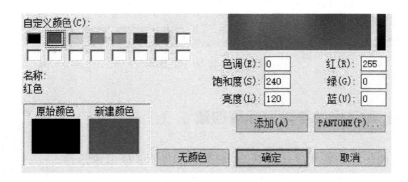

图 2-83　自定义颜色

（3）线型图案

单击"管理"选项卡"设置"面板"其他设置"按钮，展开下拉列表，选择"线型图

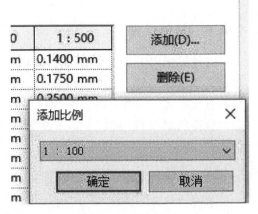

图 2-84   添加比例

案"选项。在"线型图案"对话框，将显示所有项目模型图元的线型图案。选择某一个线型图案，单击右边的"编辑"按钮，弹出"线型图案属性"对话框，可以修改原名称和类型值（图 2-85）；单击右边的"删除"按钮可以修改原名称和类型值。单击右边的"删除"按钮可以删除该线型图案；单击"重命名"按钮，可对该线型图案重命名，如图 2-86 所示。

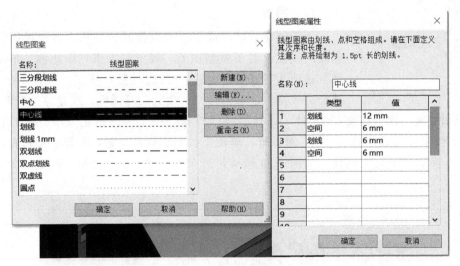

图 2-85   修改线型图案

2.5   Revit 建筑场地与轴网标高创建

地形表面的创建是场地设计的基础，Revit 提供了多种创建地形表面的方式，大多数情况使用放置点或导入数据来定义地形表面。

生成地形
表面

2.5.1   创建地形表面

以"建筑样板"创建一个新项目文件，在"体量和场地"选项卡

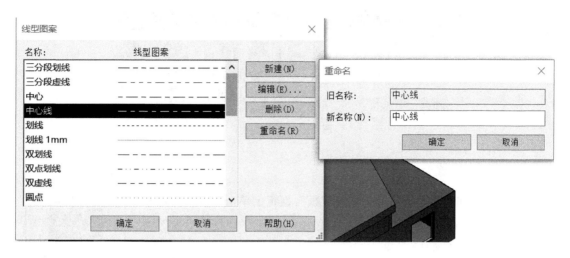

图 2-86　线型图案重命名

"场地建模"面板和"修改场地"面板中使用"地形表面"工具，可以为项目创建地形表面模型，如图 2-87 所示。

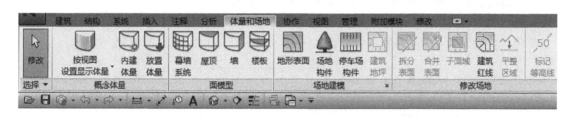

图 2-87　创建地形表面

打开三维视图或场地平面视图，单击"⬛（地形表面）"按钮。进入"修改|编辑表面"上下文选项卡。在选项栏上，设置"高程"的值，用于放置点及其高程创建表面，如图 2-88 所示。

图 2-88　编辑表面

① 绝对高程。点显示在指定的高程处，可以将点放置在活动绘图区域中的任何位置。

② 相对于表面。通过该选项，可以将点放置在现有地形表面上的指定高程处，从而编辑现有地形表面。要使该选项的使用效果更明显，需要在着色的或者真实的三维视图中工作。

③ 在"场地"平面视图绘图区域中单击放置点。如果需要，在放置其他点时可以修改选项栏上的高程。单击对勾"✔"按钮，退出"修改|编辑表面"上下文选项卡，保存该文件，如图 2-89 所示。

图 2-89　完成创建

2.5.2　场地设置

在"体量和场地"选项卡"场地建模"面板上单击"对话框启动器 ⬐"弹出"场地设置"对话框，如图 2-90 所示。"场地设置"对话框设置内容介绍如下。

（1）显示等高线

间隔：如果清除间隔复选框，自定义等高线仍显示在绘图区域中。

经过高程：等高线间隔可自定义设置参数值。例如，如果将等高线间隔设置为 500，则等高线将显示在 0、500、1000、1500、2000 的位置。如果将"经过高程"值设置为 100，则等高线将显示在 100、600、1100、1600 的位置。

> 添加建筑地坪、
> 场地构件

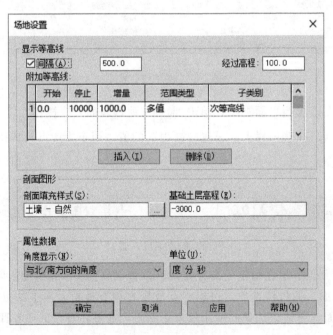

图 2-90　场地设置

附加等高线：① 开始：设置附加等高线开始显示的高程。

② 停止：设置附加等高线不再显示的高程。

③ 增量：设置附加等高线的间隔。

④ 范围类型：选择"单一值"可以插入一条附加等高线，选择"多值"可以插入增

量附加等高线。

⑤ 子类别：设置将显示等高线类型，从列表中选择一个值，要创建自定义线样式在对象样式对话框中，打开"模型对象"对话框，然后修改"地形"下的设置。

（2）剖面图形

① 剖面填充样式：设置在剖面视图中显示的材质。

② 基础土层高程：控制着土壤横断面的深度。该值控制项目中全部地形图元的土层深度。

（3）属性数据

① 角度显示：指定建筑红线标记上角度值的显示方式，可以从"注释"-"标记"-"建筑"文件夹中载入建筑红线标记。

② 单位：指定在显示建筑红线表格中的方向值的单位。

（4）查看土层厚度方式

切换至场地平面图。在地形模型中"视图"选项卡"创建"面板单击"剖面"按钮，创建一个平行于 Y 方向的剖面。切换至剖面视图，我们可以看到土层厚度。可以在"体量和场地"选项卡"场地建模"面板单击"对话框启动器 ↘"修改其基础土层高程，如图 2-91 所示。

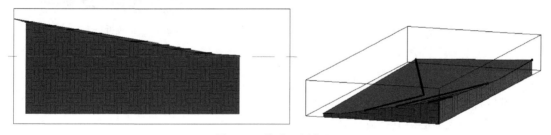

图 2-91　修改土层高程

（5）标记等高线

切换至场地平面视图，在"体量和场地"选项卡，"修改场地"面板单击"标记等高线"按钮。在绘图区域地形表面绘制一条平行于 Y 轴的标记等高线，如图 2-92 所示。

图 2-92　标记等高线

2.5.3 拆分表面、合并表面、子面域

2.5.3.1 拆分表面

将一个地形表面拆分为两个不同的表面，然后分别编辑这两个表面。要将一个地形表面拆分为两个以上的表面，重复使用"拆分表面"工具（图 2-93），根据需要进一步细分每个地形表面。

在拆分表面后，可以为这些表面指定不同的材质来表示公路、湖、广场或丘陵，也可以删除地形表面的一部分。

打开场地模型，调整至场地平面或三维视图。单击"体量和场地"选项卡"修改场地"面板"拆分表面"按钮。在绘图区域中，请选择要拆分的地形表面。Revit 将进入"修改 | 拆分表面"上下文选项卡草图模式。绘制拆分表面草图后，单击"✔"完成编辑模式，拆分后如图 2-94 所示。

图 2-93 拆分表面

图 2-94 完成拆分

2.5.3.2 合并表面

可以将两个单独的地形表面合并为一个表面。此工具对于重新连接拆分表面非常有用。要合并的表面必须重叠或共享公共边。

单击"体量和场地"选项卡"修改场地"面板"合并表面"按钮（图 2-95）。选择一个要合并的地形表面，然后选择另一个被合并的地形表面，将这两个表面将合并为一个。

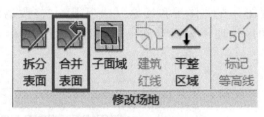

图 2-95 合并表面

2.5.3.3 子面域

地形表面子面域是在现有地形表面中绘制的区域。例如，可以使用子面域在平整表面、道路或岛上绘制停车场。创建子面域不会生成单独的表面。它仅定义可应用不同属性集（例如材质）的表面区域。

创建子面域：

（1）打开一个显示地形表面的场地平面视图。

（2）单击"体量和场地"选项卡"修改场地"
面板"子面域"按钮（图 2-96），Revit 将进入"修
改 | 创建子面域边界"上下文选项卡。

图 2-96 子面域

（3）单击" （拾取线）"命令或使用其他绘
制工具在地形表面上创建一个子面域，如图 2-97
所示。

修改子面域的边界：

（1）选择子面域。

（2）单击"修改 | 地形"选项卡"模式"面板" 编辑边界"按钮，如图 2-98
所示。

（3）单击" 拾取线"或使用其他绘制工具修改地形表面上的子面域。

图 2-97 创建子面域

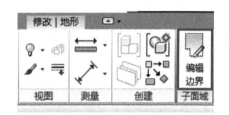

图 2-98 修改子面域的边界

2.5.4 建筑红线

要创建建筑红线，可以使用 Revit 中的绘制工具，在"体量和场地"选项卡"修改场
地"面板上点击"建筑红线"按钮，如图 2-99 所示。

图 2-99 建筑红线图标

新建项目，切换至场地平面视图。单击"体量和场地"选项卡"修改场地"面板
" 建筑红线"按钮，弹出"创建建筑红线"对话框。在"创建建筑红线"对话框中，选
择"通过绘制来创建"。单击" 拾取线"工具或使用其他绘制工具来绘制线，或者通过
输入距离和方向角来创建。在"创建建筑红线"对话框中，选择"通过输入距离和方向角
来创建"弹出"建筑红线"对话框。在"建筑红线"对话框中，单击"插入"，然后从测
量数据中添加距离和方向角，如图 2-100 所示。

将建筑红线描绘为弧：

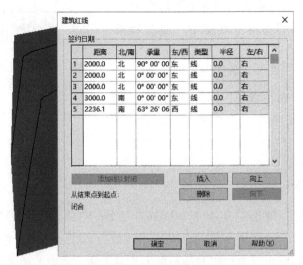

图 2-100　新建建筑红线

分别输入"距离"和"方向"的值，用于描绘弧上两点之间的线段。选择"弧"作为"类型"，然后输入一个值作为"半径"。如果弧出现在线段的左侧，请选择"左"作为"左/右"。如果弧出现在线段的右侧请选择"右"。

（1）根据需要插入其余的线。

（2）单击"向上"和"向下"可以修改建筑红线的顺序。

（3）在绘图区域中，将建筑红线移动到确切位置，然后单击放置建筑红线。

2.5.5　建筑地坪

（1）建筑地坪的类型属性

① 厚度：显示建筑地坪的总厚度。

② 粗略比例填充样式：在粗略比例视图中设置建筑地坪填充样式。在"值"框中单击，打开"填充样式"对话框。

③ 粗略比例填充颜色：在粗略比例视图中对建筑地坪的填充样式应用某种颜色，如图 2-101 所示。

（2）建筑地坪的实例属性

① 标高：设置建筑地坪的标高，如图 2-102 所示。

② 相对标高：指定建筑地坪偏移标高的正负距离。

③ 房间边界：用于定义房间的范围。

④ 坡度：建筑地坪的坡度。

⑤ 周长：建筑地坪的周长。

⑥ 面积：建筑地坪的面积。

⑦ 体积：建筑地坪的体积。

⑧ 创建的阶段：设置建筑地坪创建的阶段。

⑨ 拆除的阶段：设置建筑地坪拆除的阶段。

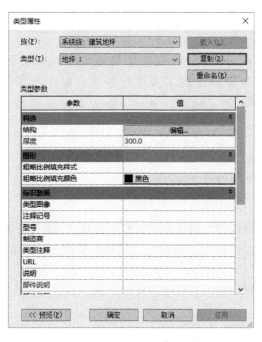

图 2-101　建筑地坪的类型属性

（3）创建建筑地坪

新建项目，切换至场地平面模型。单击"体量和场地"选项卡"场地建模"面板 "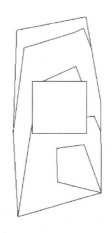建筑地坪"按钮进入"修改｜创建建筑地坪边界"上下文选项卡。使用绘制工具绘制闭合环形式的建筑地坪，如图 2-103 所示。在"属性"选项板中，根据需要设置"相对标高"和其他建筑地坪属性。

图 2-102　建筑地坪的实例属性

图 2-103　创建建筑地坪

（4）修改建筑地坪

打开包含建筑地坪的场地平面视图。单击"修改｜建筑地坪"选项卡"模式"面板"编辑边界"命令。单击"修改｜建筑地坪＞编辑边界"上下文选项卡"绘制"面板绘制工具，然后使用绘制工具进行必要的修改。要使建筑地坪倾斜，请使用坡度箭头。单击"✔"完成编辑，退出"修改｜建筑地坪＞编辑边界"上下文选项卡。

（5）修改建筑地坪结构

① 打开包含建筑地坪的场地平面。

② 选择建筑地坪。

③ 单击"修改｜建筑地坪"选项卡"属性"面板"类型属性"按钮。

④ 在"类型属性"对话框中，单击与"结构"对应的"编辑"按钮，弹出"编辑部件"对话框。

⑤ 在"编辑部件"对话框中，设置各层的功能，如图 2-104 所示。

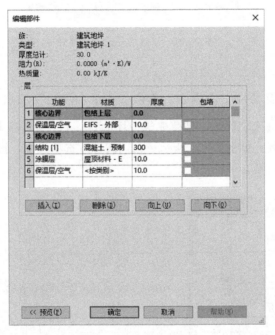

图 2-104　修改建筑地坪

每一层都必须具有指定的功能，这样一来，Revit 便可以准确地进行层匹配，各层可被指定下列功能：

结构：用于支撑建筑地坪的其余部分的层。

衬底：作为其他材质基础的材质。

保温层/空气层：提供隔热层并阻止空气流通的层。

面层 1：装饰层（例如，建筑地坪的顶部表面）。

面层 2：装饰层（例如，建筑地坪的底部表面）。

薄膜层：防止水蒸气渗透的零厚度薄膜。

注："包络"复选框可以保留为取消选中状态。

⑥ 设置每一层的"材质"和"厚度"。

⑦ 单击"插入"来添加新的层，单击"向上"或"向下"来修改层的顺序。

⑧ 单击"确定"两次，退出编辑模式。

2.5.6　放置场地构件

场地构件：用于添加站点特定的图元，如树、汽车、停车场等。

可在场地平面中放置场地专用构件，如果未在项目中载入场地构件，则会出现一条消息，指出尚未载入相应的族。

(1) 添加场地构件

① 新建项目文件，切换至场地平面视图或三维视图。

② 单击"体量和场地"选项卡"场地建模"面板"🌲场地构件"按钮。

③ 从"类型选择器"中选择所需的构件。

④ 在绘图区域中单击以添加一个或多个构件。

⑤ 放置完构件，选中构件可以在属性栏里修改其类型属性和实例属性，修改类型属性时要复制其类型，避免同类型的全部改动，设置完成的场地构件如图 2-105 所示。

图 2-105　场地构件

(2) 停车场构件

用于将停车位添加到地形表面中，要添加停车位，必须打开一个视图（建议：场地平面视图），其中显示地形表面。地形表面是停车位的主体。添加停车场构件：

① 打开显示要修改的地形表面的视图。

② 单击"体量和场地"选项卡"模型场地"面板"▦停车场构件"按钮。

③ 将光标放置在地形表面上，单击鼠标来放置构件。可按需要放置更多的构件。可以阵列停车场构件，如图 2-106 所示。

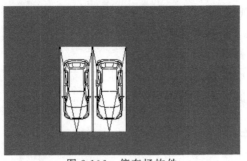

图 2-106　停车场构件

2.5.7　标高轴网

标高可用于定义楼层层高，轴网用于构件的平面定位。标高和轴网是建筑构件在空间定位时的重要参照，在 Revit 软件中，标高和轴网是具有限定作用的工作平面，其样式皆可通过相应的族样板进行定制。对于建筑、结构、机电三个专业而言，标高和轴网的统一是其相互之间协同工作的前提条件。

2.5.7.1　添加标高

使用软件自带样板新建项目，展开"项目浏览器下"的立面子层级，双击任意一立面视图，如图 2-107 所示，样板已有标高 1、标高 2，它们的标高值是以 m 为单位的。

创建标高

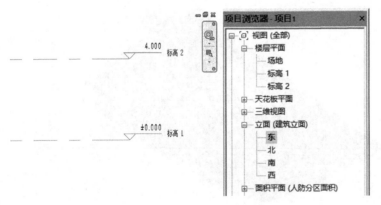

图 2-107　添加标高

在属性栏单击"类型选择器"，选择对应的标头，如图 2-108 所示为"属性"对话框，室外地坪选择"正负零标高"，零标高以上选择"上标头"，零标高以下选择"下标头"。

打开"类型属性"对话框，修改类型属性。在限制条件中，"基面"是设置标高的起始计算位置，为测量点或项目基点；"图形"中其他参数是用来设置标高的显示样式；"符号"参数是指标高标头应用的何种标记样式；"端点 1 处的默认符号"和"端点 2 处的默认符号"用于设置标高两端标头信息的显隐，如图 2-109 所示。

图 2-108　设置标头样式

参数	值
限制条件	⌃
基面	项目基点
图形	⌃
线宽	1
颜色	■ RGB 128-128-128
线型图案	中心线
符号	上标高标头
端点 1 处的默认符号	☐
端点 2 处的默认符号	☑

图 2-109　设置标高参数

当指针靠近已有标高两端时，还会出现标头圈对齐参照线示意，若单击此处绘制，则随后完成的标高将与其参照的标高线保持两端对齐约束。

2.5.7.2　复制、阵列标高

标高的创建还可以基于已有的标高，如通过复制、阵列创建，通常会在楼层数量较多时使用。但是相对于绘制或拾取的标高，复制、阵列生成的标高，默认不创建任何视图。在直接绘制或拾取标高时，在选项栏中单击"平面视图类型"即可选中要创建的视图类型，这样对应的视图就会自动生成并归类到对应的子层级，如图 2-110 所示。

平面视图类型...	偏移量:	0.0

平面视图类型　　　　　　　　　　　　✕

选择要创建的视图类型：

天花板平面
楼层平面
结构平面

确定　　　　取消

图 2-110　复制、阵列标高

2.5.7.3　修改标高

图 2-111 显示了在选中一个标高时的相关信息，隐藏编号可设置此标高右侧端点符号的显隐，功能和标高类型属性中"端点 1（2）处的默认符号"参数类似，但此处是实例属性。

修改标高

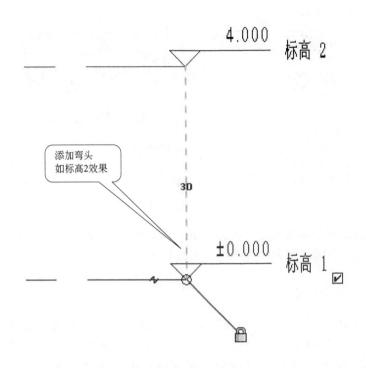

图 2-111　修改标高

2.5.7.4　标高属性

(1) 标高标头

① 标高上标头：标头方向向上，例如 。

② 标高下标头：标头方向向下，例如 。

③ 正负零标高：即 ±0.000 标高。

(2) 限制条件

基面即"项目基点"，即在某一标高上报告的高程基于项目原点。

"测量点"即报告的高程基于固定测量点。

(3) 图形

① 线宽：设置标高类型的线宽。可以使用"线宽"工具来修改线宽编号的定义。

② 颜色：设置标高线的颜色。可以从 Revit 定义的颜色列表中选择颜色或自定义。

③ 线型图案：线型图案可以是实线、虚线和圆点的组合或自定义图案。

④ 符号：确定标高线的标头是否显示编号中的标高号（标高标头-圆圈）、显示标高号但不显示编号（标高标头-无编号）或不显示标高号（无）。

⑤ 端点 1 处的默认符号：默认情况下，在标高线的左端点放置编号。选择标高线时，标高编号旁边将显示复选框，取消选中该复选框以隐藏编号，再次选中它以显示编号。

⑥ 端点 2 处的默认符号：默认情况下，在标高线右端点放置编号。

（4）添加弯头

标高除了直线效果，还可以是折线效果，即单击选中标高，在右侧标高线上显示"添加弯头"图标。单击蓝色圆点拖动，可恢复原来位置，如图 2-112 所示。

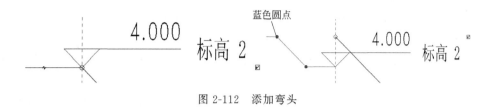

图 2-112　添加弯头

（5）标高锁

标高端点锁定，拖动鼠标单击端点圆圈，更改标高长度时，相同长度的标高会一起更改；当解锁后，只更改当前移动的标高长度，如图 2-113 所示。

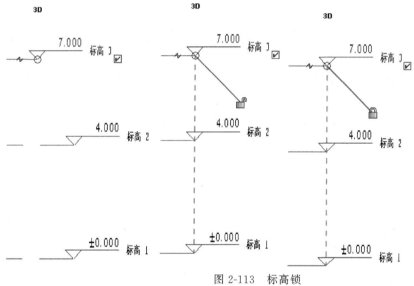

图 2-113　标高锁

创建轴网

2.5.7.5　绘制轴网

轴网需在平面视图绘制，在"项目浏览器"面板中打开标高平面视图。

切换到"建筑"选项卡，在"基准"面板中单击"轴网"按钮，进入"修改｜放置轴网"上下文选项卡中，单击"绘制"面板中的"直线"按钮。

在绘制区域左下角适当位置，单击并结合 Shift 键垂直向上移动光标，在合适位置再次单击完成第一条轴线的创建。

第二条轴网的绘制方法与标高绘制方式相似，将光标指向轴线端点时，Revit 会自动捕捉端点。当确定尺寸值后单击确定轴线端点，并配合鼠标滚轮向上移动视图，确定上方的轴线端点后再次单击，完

修改轴网

成轴线的绘制。

2.5.7.6 轴网属性

选择某个轴线后，单击"属性"面板中的"编辑类型"选项，打开"类型属性"对话框。

① 符号：用于轴线端点的符号。该符号可以在编号中显示轴网号（轴网标头-圆）、显示轴网号但不显示编号（轴网标头-无编号）、无轴网编号或轴网号（无）。

② 轴网中段：在轴线中显示轴线中段的类型。选择"无""连续""自定义"。

③ 轴线中段宽度：如果"轴线中段"参数为"自定义"，则使用线宽来表示轴线中段的宽度。

④ 轴线中段颜色：如果"轴线中段"参数为"自定义"，则使用轴线颜色来表示轴线中段的颜色。选择 Revit 中定义的颜色，或定义自己的颜色。

⑤ 轴线中段填充图案：如果"轴线中段"参数为"自定义"，则使用填充图案来表轴线中段的填充图案。线型图案可以为实线或虚线和圆点的组合。

⑥ 轴线末端宽度：表示连续轴线的线宽，或者在"轴线中段"为"无"或"自定义"的情况下表示轴线末段的线宽。

⑦ 轴线末段颜色：表示连续轴线的线颜色，或者在"轴线中段"为"无"或"自定义"的情况下表示轴线末段的线颜色。

⑧ 轴线末段填充图案：表示连续轴线的线样式，或者在"轴线中段"为"无"或"自定义"的情况下表示轴线末段的线样式。

⑨ 轴线末段长度：在"轴线中段"参数为"无"或"自定义"的情况下表示轴线末段的长度。

⑩ 平面视图轴号端点 1（默认）：在平面视图中，在轴线的起点处显示编号的默认设置（也就是说，在绘制轴线时，编号在其起点处显示）。如果需要，可以显示或隐藏视图中各轴线的编号。

⑪ 平面视图轴号端点 2（默认）：在平面视图中，在轴线的终点处显示编号的默认位置（也就是说，在绘制轴线时，编号在其终点处显示）。如果需要，可以显示或隐藏视图中各轴线的编号。

⑫ 非平面视图符号（默认）：在非平面视图的项目视图（例如，立面视图和剖面视图）中，轴线上显示编号的默认位置："顶"、"底"、"两者"（顶和底）或"无"。如果需要，可以显示或隐藏视图中各轴线的编号。

2.5.7.7 标高轴网的 2D 与 3D 属性及其影响范围

(1) 标高的 2D 与 3D 属性

对于只移动单个标高的端点，先打开对齐锁定，再拖拽轴线端点。如果轴线状态为 3D，则所有平面视图里的标高端点同步联动，点击切换为 2D，如图 2-114 所示，只改变当前视图的标高端点位置。

(2) 轴网的 2D 与 3D 影响范围

在一个视图中调整完轴网线标头位置、轴号显示和轴号偏移等设置后，选择轴线再选择选

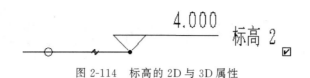

图 2-114　标高的 2D 与 3D 属性

项卡影响范围命令，在对话框中选择需要的平面或立面视图名称，可以将这些设置应用到其他视图。例如，二层做了轴网修改，而没有使用影响范围功能，其他层就不会有任何变化。

如果想要使所有的变化影响到其他标高层，选中一个修改的轴网，此时将会自动激活修改轴网选项卡。选择基准面板影响范围命令，打开影响范围视图对话框，选择需要影响的视图，单击确定按钮，所选视图轴网都会与其做相同的调整。

如果先绘制轴网再绘制标高，或者是在项目进行中新添加了某个标高，则有可能在新添加标高的平面视图中不可见。其原因是：在立面上，轴网在 3D 显示模式下需要和标高视图相交，即轴网的基准面与视图平面相交，则轴网在此标高的平面视图上可见。

（3）参照平面

① 添加参照平面。在建筑（结构或者系统）选项卡上，单击"　　参照平面"，打开"修改｜放置参照平面"上下文选项卡，有两种绘制方式。

a. 绘制一条线：在"绘制"面板上，单击"直线"，在绘图区域中，通过拖拽光标来绘制参照平面，单击"修改"结束该线。

b. 拾取现有线：在"绘制"面板中，单击"　　拾取线"，如果需要，在选项栏上指定偏移量，选择"锁定"选项，以将参照平面锁定到该线，将光标移到放置参照平面时所要参照的线附近，然后单击。

② 参照平面的属性。

a. 墙闭合：指定义墙对门和窗进行包络所在的点，此参数仅在族编辑器中可用。

标高轴网
创建实例

b. 名称：指参照平面的名称，可以编辑参照平面的名称。

c. 范围框：指应用于参照平面的范围框。

d. 是参照：指在族的创建期间绘制的参照平面是否为项目的一个参照。

e. 定义原点：指光标停留在放置的对象上的位置。例如，放置矩形柱时，光标位于该柱形状的中心线上。

思考题：

1. Revit 中的构件可以根据哪几个层级进行分类？

2. Revit 适用哪些结构或构件的建模？

3. Revit 中，如何新建材质库？

留下你的答案吧

| 第 3 章 | 桥梁下部结构族构件的创建

桥墩建模

本章以某桥为例，介绍桥梁下部结构族构件的创建，图纸见图 3-1 所示。

3.1 桩基础族构件的创建

本次的桩基模型创建以设计图中的某大桥 P13 号墩的桩基础为例。其他号墩的桩基模型建立会在后文参数化中统一创建。

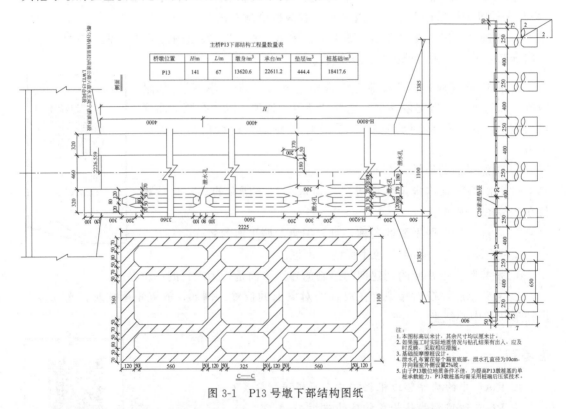

桥墩位置	H/m	L/m	墩身/m³	承台/m³	垫层/m³	桩基础/m³
P13	141	67	13620.6	22611.2	444.4	18417.6

主桥P13下部结构工程量数量表

注:
1. 本图标高以米计，其余尺寸均以厘米计。
2. 如果施工时实际地质情况与钻孔结果有出入，应及时反馈，采取相应措施。
3. 基础按摩擦桩设计。
4. 泄水孔布置在每个箱室底部，泄水孔直径为10cm，并向箱室外棚设置2%坡。
5. 由于P13墩位地质条件不佳，为提高P13墩桩基的单桩承载能力，P13墩桩基均需用桩端后压浆技术。

图 3-1 P13 号墩下部结构图纸

打开 Revit 软件，本文中所使用的版本为 Revit2018 版，初始界面如图 3-2 所示。在初始界面中选择新建族文件，即得到如图 3-3 所示的"新族-选择样板文件"对话

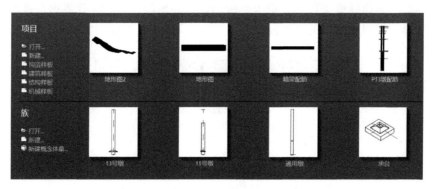

图 3-2　Revit 初始界面

框，初始族样板文件，这些初始文件决定了创建好的族文件导入到项目中。

图 3-3　选择族样板界面

不同的样板文件在软件中所给出的初始参考线不尽相同，同时在族文件导入项目文件时，不同的族样板文件在项目文件中的菜单位置也不同，如选择"公制结构框架-梁和支撑"样板来创建族文件时，将该族文件导入项目文件时就会出现在项目文件的"梁"下属菜单中（图 3-4）。

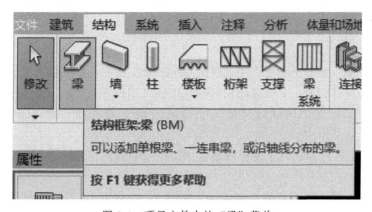

图 3-4　项目文件中的"梁"菜单

在选择恰当的族样板文件后，进入标准构件族的编辑界面，在该界面左部的"项目浏览器"中选择"楼层平面"的"参照标高"，进入该标高的界面，如图 3-5 所示。

图 3-5 "项目浏览器"界面

选择好参照标高后在编辑界面上部的"创建"目录中选择"拉伸"选项，如图 3-6 所示。

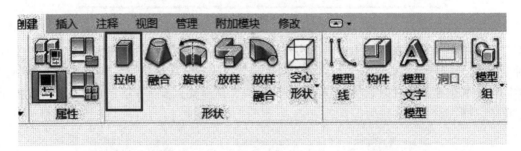

图 3-6 创建拉伸示意图

在选择"拉伸"后的上部界面中选择 绘制圆形图案，在楼层平面的参照标高中按设计图中给出的尺寸创建一个桩基础的俯视平面图，如图 3-7 所示。

如图 3-8 所示，在"项目浏览器"中将视图转至前视图，对桩基础的高度进行修改。

如图 3-9 所示，桩基础的高度可以通过"约束"中的拉伸起终点来确定，也可以通过"深度"来进行确定。

至此，一个桩基础模型就创建完成了，如图 3-10 所示，可以在三维视图中观看创建完成后的三维模型。

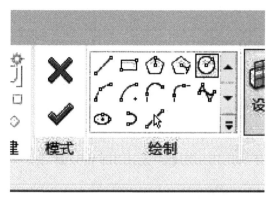

(a) 绘制圆形图案

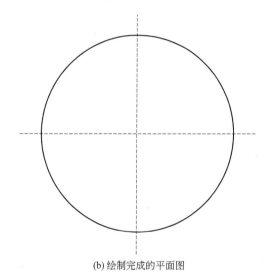

(b) 绘制完成的平面图

图 3-7　绘制圆形图案

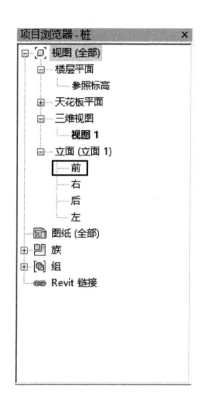

图 3-8　项目浏览器

图 3-9　控制族模型属性

图 3-10　桩基础三维模型

3.2 承台族构件的创建

本承台族构件依旧以某大桥的 P13 号墩为例，以此为例主要是因为 P13 号墩在所有墩中为最大的，比较具有示例性。

创建承台族文件的前面几个步骤与桩基础的族构件创建如出一辙，依次为打开 Revit 软件-创建族文件-选择相应的位置文件。

承台族构件的创立依然是在楼层平面中的参照标高中进行，"项目浏览器"示例如图 3-11 所示。

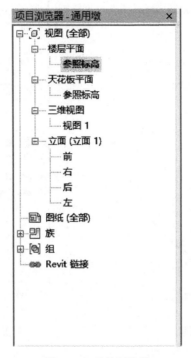

图 3-11　项目浏览器

如图 3-12 所示，承台构件的建立也使用"拉伸"进行，因为目前做的这两个构件属于无复杂形状构件，使用拉伸足以完成。

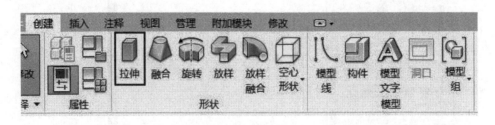

图 3-12　拉伸模型

按照设计图所示的尺寸在参照标高中使用矩形拉伸绘制 P13 号墩的承台俯视图，绘制完成后的平面图如图 3-13 所示。

如图 3-14 所示，俯视图绘制完成后，在"项目浏览器"中将视图转到前视图（前、

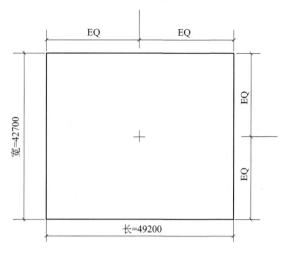

图 3-13　承台俯视图

后、左、右皆可），按照桩基础中所述将承台高度按照设计尺寸赋予参数。

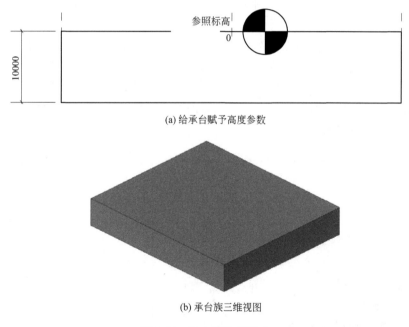

(a) 给承台赋予高度参数

(b) 承台族三维视图

图 3-14　承台族绘制完成

3.3　桥墩族构件的创建

以某大桥 P13 号墩为例，桥墩族的创建对比前两个构件较为复杂，具体创建流程如下所述。

首先创建族文件，注意这里应选择"公制结构柱"样板文件，如选择"公制结构框架-梁和支撑"样板文件则不能直接在立面中创建模型，需要使用参照平面辅助创建模型方法，从这里也可以看出不同样板文件的区别。此处以参照平面法为例讲述参照平面在模型绘制中的作用，如使用其他样板文件则可以直接进行绘制。

在项目浏览器中选择前视图和左视图，"创建"中的"基准"菜单中选择参照平面命令，分别在两个视图中创建一条竖向参照平面，如图 3-15 所示。

(a) 打开参照平面   (b) 竖向参考平面

图 3-15　创建参照平面

参照平面创建完成后，在左视图中选择创建拉伸，如图 3-16 所示，在弹出的"工作平面"对话框中选择"拾取一个平面"，然后点击创建好的参照平面，选择跳转到前立面中。

在跳转后的前立面中按照设计图给出的尺寸进行桥墩正视图的绘制，由于该桥墩由四个相同的空心墩组成，所以绘制时可以只绘制其中一个，另外三个可以由复制或阵列来快捷完成。桥墩正面绘制完成后可以在其他视图中调整其尺寸，从而满足设计要求。四个独立桥墩绘制完成后，将视图转至侧立面中，将四个独立桥墩连接处也绘制出来，桥墩整体全部绘制完成的主视图如图 3-17 所示。

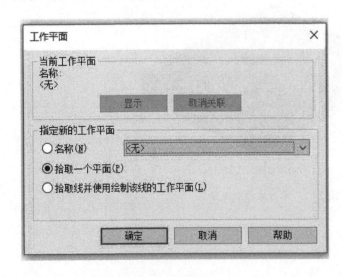

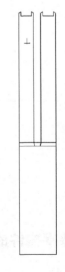

图 3-16　拾取平面   图 3-17　桥墩主视图

整体外观模型绘制完成后即可开始绘制该桥墩内部的空心模型，空心模型可由"形状"菜单中的"空心形状"下属的"空心拉伸"进行创建，如图 3-18 所示。

空心拉伸的创建与上述的拉伸模型创建方式类似，都是由左立面点击创建空心拉伸，

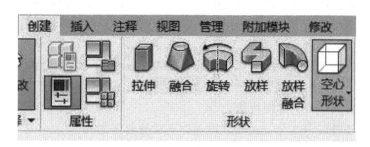

图 3-18　空心形状创建

选取左立面中的参照平面后跳转到前立面中进行创建，在前立面创建完成后可以切换视图到其他立面中修改空心拉伸的尺寸以符合设计要求。设计图中的空心形状仅用一个空心拉伸难以满足，可以创建多个空心拉伸，并使其互相重叠形成所需要的空心形状。完成创建后包括空心拉伸的桥墩整体模型如图 3-19 所示。

空心桥墩整体创建完成后即可在"项目浏览器"中将视图改至三维视图，并在三维视图中观察空心桥墩这种较为复杂的三维形状在空间中的可视性。检查其是否存在错误或是否符合设计要求，线框模式、着色模式三维视图如图 3-20、图 3-21 所示。

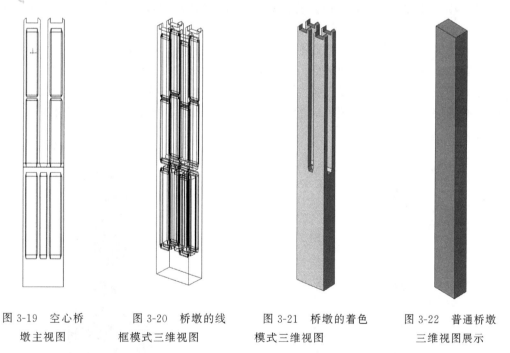

图 3-19　空心桥墩主视图　图 3-20　桥墩的线框模式三维视图　图 3-21　桥墩的着色模式三维视图　图 3-22　普通桥墩三维视图展示

在某大桥主桥中，P13 号桥墩属于特殊桥墩，其余号桥墩的建模较为简单，为免重复本文略去其创建过程，仅展示普通桥墩的建模结果，如图 3-22 所示。该普通桥墩模型可用于参数化来量产其余号的桥墩。

3.4　下部结构嵌套族的生成

参数化构件完成后，就可以进行桥梁下部结构的嵌套族生成。嵌套族的定义即如它字面所述，是多个族文件嵌套在同一个族中。这就相当于把文件进行整理、规划，这种方法多用于族文件较多的项目中。嵌套族可以使项目的族文件分类，减少创建项目，使查找多个族文件更为方便。

桥梁下部结构嵌套族就是把上面所建造的桩基础、承台和桥墩嵌套在一起形成一个统一的下部结构族，这样就免去了在导入项目时还需要一个一个族文件定位的麻烦，可以直接将下部结构嵌套族导入，方便快捷。

本次嵌套族还是以 P13 号墩为例来展示嵌套族的创建流程。

首先新建一个族文件，将之前创建好的 P13 号墩的桩基础、承台以及桥墩导入其中，导入族文件需要使用"插入"菜单中"从库中载入"的"载入族"。见图 3-23。

图 3-23　载入族

载入族文件时，需要选择相应的参数化构件。见图 3-24，族文件导入后，在左下角项目浏览器中即可以找到各类族构件。

族构件导入后，在项目浏览器中拖动指定的构件就可以在视图中放置该构件，选择恰当位置绘制参照平面并放置构件后，在俯视图中调整各构件相应位置，将其放置于符合设计图要求的位置后，即可以在立面中调整各构件的高度。将各构件调整至相应位置后，嵌套族即创建完成，在导入到项目时就是一个完整的 P13 下部结构了。完成后的三维示意图如图 3-25 所示。

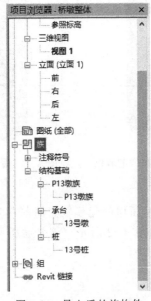

图 3-24　导入后的族构件

图 3-25　桥梁下部结构嵌套族三维模型

思考题：

1. 先创建标高，还是先创建轴网？为什么？

2. BIM 工作流程中设计团队更加强调和依赖的是什么？

3. BIM 的什么特性是建筑业中的重点内容，不管是业主还是设计单位及施工单位，无不在做着与之配合的相关工作？

留下你的答案吧

|第4章| 桥梁上部结构族构件的创建

本章以变截面梁齿块为例，介绍桥梁上部结构族构件的创建，图纸见图 4-1。

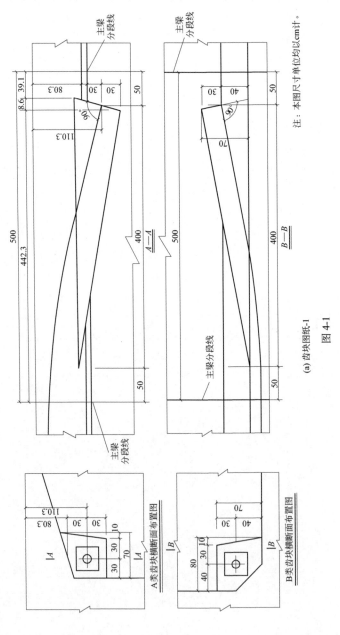

(a) 齿块图纸-1

图 4-1

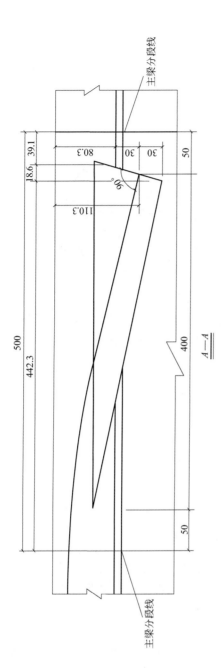

齿块工程数量表

	A类	B类	C类
单幅桥梁齿块数量	24	104	8
单个齿块混凝土量/m³	0.8	0.9	1.6
单幅桥梁齿块混凝土量/m³	19.0	92.6	12.7
全程合计/m³		248.4	

(b) 齿块图纸-2 (图中为C型齿块，标注有误)

注：本图尺寸单位均以cm计。

图 4-1　变截面梁齿块

4.1 变截面箱梁齿块模型的创建

以设计图 4-1 所示，在某大桥主桥的变截面箱梁中共有三种齿块，下文中将以 A 类齿块为例，具体描述齿块模型的创建过程。

在齿块的创建中选择使用拉伸来创建模型（图 4-2）。

图 4-2   创建拉伸

继续使用之前创建桥梁下部结构模型时使用的方法，在俯视图中按照设计图中所给尺寸创建拉伸模型。创建该模型时按照设计图中 A 号齿块的尺寸来进行建立。创建完成的齿块立面如图 4-3 所示。

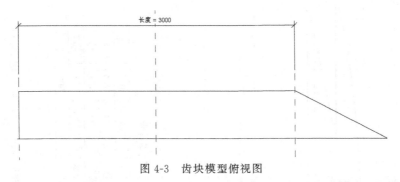

图 4-3   齿块模型俯视图

在这个拉伸模型创建完成后，模型的平面尺寸已经在标高中定义完成，下一步就是按照设计图要求定义该模型的高。尺寸全部定义完成后，现在的族模型只是一个普通的三维立方体，现在需要将这个立方体模型进行空心剪切处理以形成设计图中所要求的复杂形状。

首先选择创建空心形状中的空心拉伸，在前立面中创建如图 4-4(b) 中蓝色线框所示的三角形空心拉伸。

在该空心拉伸创建完成后，将视图转到左立面或右立面，将该空心拉伸的宽度拖拽或定义到设计要求的长度，使空心拉伸剪切掉实心拉伸的一部分。在第一个空心拉伸定义完成后，继续定义第二个空心拉伸，在读图后可以绘制如图 4-4(b) 蓝色线框所示的另一个空心拉伸。

在第二个空心拉伸创建完成后，继续在侧立面中控制其长度来满足能够剪切实心模型的要求。两个空心拉伸创建完成后，使用“剪切”将空心拉伸与实心拉伸进行剪切以形成最终的三维模型，如图 4-5 所示。

按照上述的方法，继续创建 B 类和 C 类齿块。因为过程类似故仅展示完成后的三维模型，如图 4-6 所示。

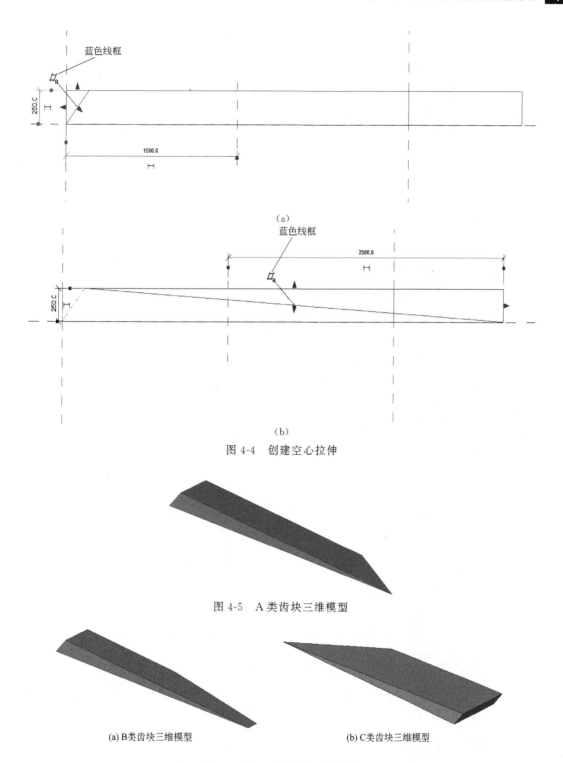

（a）

（b）

图 4-4　创建空心拉伸

图 4-5　A 类齿块三维模型

(a) B 类齿块三维模型　　　　　　　　　(b) C 类齿块三维模型

图 4-6　B、C 类齿块三维模型

4.2　简支 T 梁模型的创建

某大桥的 T 梁、箱梁及桥台图纸见图 4-7。某大桥主桥的前半部分由简支 T 梁组成，

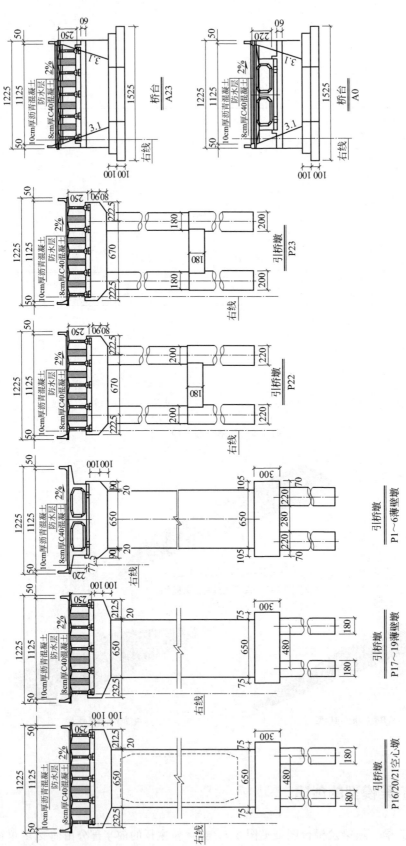

图 4-7　T 梁、箱梁及桥台图纸

由于简支 T 梁整段都是无变化的标准模型，故可以使用简单的拉伸创建该模型（图 4-8）。与之前很多例子相似，T 梁模型主要在前立面中进行绘制，这就需要在侧立面中建立一条参照平面，并选取平面进入前立面中进行绘制。

图 4-8　创建拉伸

在 T 梁模型的创建中，由于需要创建的拉伸较多，可以分多次进行创建。可将整体构件拆分为 T 梁、湿接缝和垫层等，将各种构件分次进行拉伸即可得到整体模型（图 4-9）。

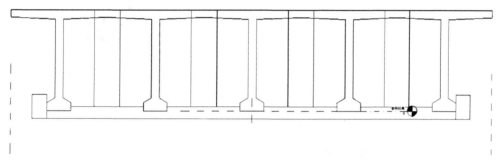

图 4-9　T 梁拉伸正视图

在 T 梁各构件分次拉伸完成后，可以将各种构件进行连接。连接的方法类似于之前使用的剪切，在"几何图形"菜单中选择"连接"选项（图 4-10）后点击需要进行连接的各构件。连接完成后的整体构件便可以进行统一的尺寸定义（图 4-11）。即 T 梁连接完成后的整体构件可以在侧立面中进行长度的定义，使其整体满足设计图的要求。

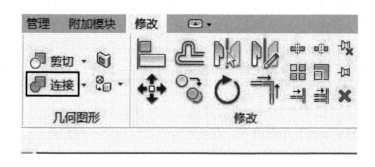

图 4-10　构件连接

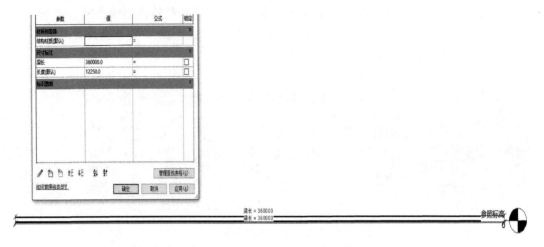

图 4-11　长度的统一定义

　　T 梁整体模型至此建立完成，在"项目浏览器"中将视图转到三维视图中即可审视创建好的简支 T 梁三维模型，如图 4-12 所示。

图 4-12　简支 T 梁三维模型

4.3　箱梁模型的创建

　　在简支 T 梁模型创建完毕后，某大桥主桥的上部结构大体仅剩桥梁前端的箱梁尚未创建。除去变截面箱梁，这个单箱双室箱梁的创建过程与简支 T 梁极为相似。

　　首先使用参照平面在前立面中进行拉伸创建再到侧立面中进行长度的定义。

　　如图 4-13 所示，箱梁模型中需要注意的是可以在实心拉伸时直接将单箱双室中的空心部分绘制出来，就不需要再次使用空心拉伸进行切割了。

　　箱梁正面绘制完成后在侧立面中按照设计图控制其长度，完成后即可以将视图转至三维视图来检查完成情况，如图 4-14 所示。

箱梁建模

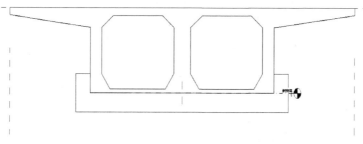

图 4-13　箱梁拉伸正视图

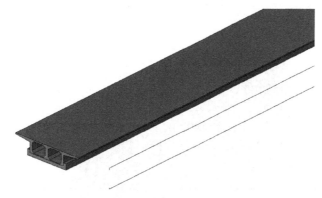

图 4-14　箱梁三维模型

4.4　桥台模型的创建

接下来进行的是桥梁的两端桥台模型创建，桥台模型可以直接使用上面建立完成的 T
梁和箱梁模型来进行修改。

桥台模型的创建与前面 T 梁、箱梁模型类似，故不再赘述绘制过程，直接展示立面
图和三维模型，如图 4-15～图 4-18 所示。

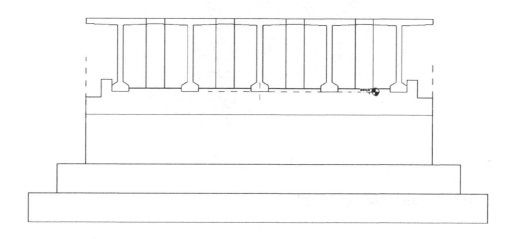

图 4-15　左桥台正视图

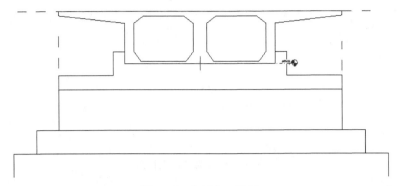

图 4-16　右桥台正视图

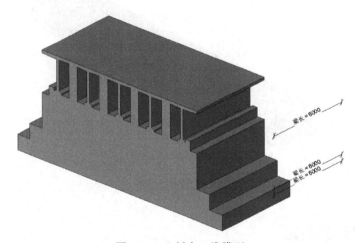

图 4-17　左桥台三维模型

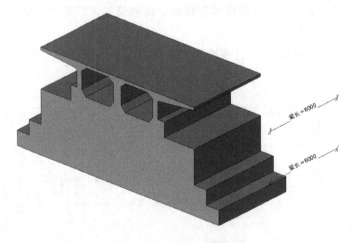

图 4-18　右桥台三维模型

4.5　铺装层和护栏模型的创建

铺装层和护栏模型与上述模型建立别无二致，使用拉伸创建即可。绘制流程皆是在前立面中按照设计尺寸绘制正面轮廓，然后在侧立面中控制模型的长度与设计一致即可。

模型创建虽然简单，但铺装层的模型建立过程涉及模型材质的选择。下文中将介绍如何选择或切换族模型的材质。

首先打开"族类型"菜单，在菜单中的"结构材质"中打开"材质浏览器"，即可在材质浏览器中选择构件所需要的材质，如没有的材质选项也可以在参数中进行添加，添加完成后再进行材质的选择即可。如果浏览器中没有需要的材质，也可以在浏览器中新建一个相应名称和颜色的材质，如图 4-19 所示。

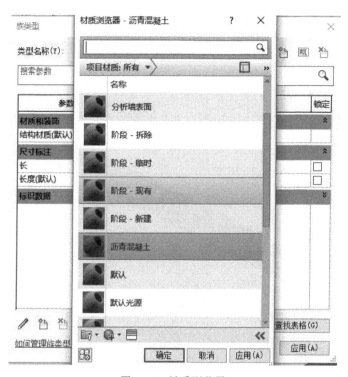

图 4-19　材质浏览器

绘制完成的铺装层三维模型如图 4-20 所示，铺装层在绘制时应注意桥面纵坡对铺装层尺寸的影响。

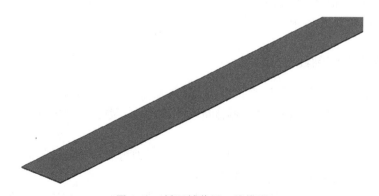

图 4-20　桥面铺装层三维模型

由于桥梁的左右护栏互为对称，故可以只创建一边的护栏，另一边在导入项目中时采用镜像对称即可完成绘制，见图 4-21 和图 4-22。

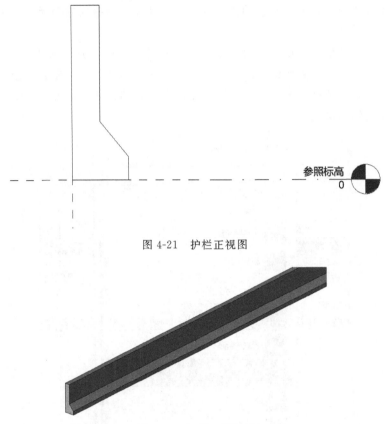

参照标高
0

图 4-21   护栏正视图

图 4-22   护栏三维模型

4.6   拱桥模型创建

4.6.1   拱桥模型图纸

拱桥建模

以第十三期全国 BIM 技能等级考试一级试题第三题为例，了解拱桥模型的创建，拱桥材质为混凝土，悬索材质为钢材，直径200mm。图纸如图 4-23 所示。

4.6.2   拱桥模型的创建

打开 Revit2018，点击"族"面板中的"新建概念体量"，如图 4-24 所示。

在"概念体量"中选择创建"公制体量"样板文件，进入公制体量模型创建界面（图4-25）。

在创建模型前进行读图，将设计图纸完全掌握后即可制订模型的绘制计划，本例按照"拱圈-桥面板-拉杆-连系梁"的顺序进行绘制。

然后开始创建模型，首先依照设计图纸所给尺寸绘制拱圈，在视图界面中进入其中一个立面进行绘制，以南立面为例，见图 4-26。

按照设计图纸给出的尺寸绘制相应的参照平面（图 4-27），参照平面在 Revit 模型的绘制中既可起到控制图形的平面位置，也可以起到参考线的作用，以便绘制者更方便地拾

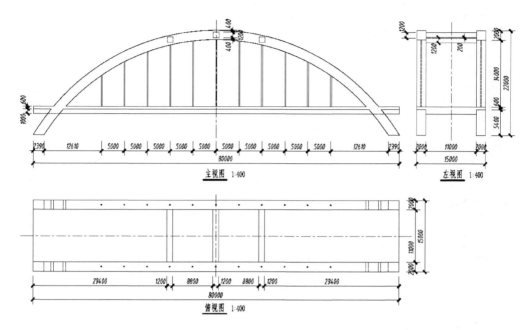

图 4-23　拱桥

图 4-24　新建概念体量

取模型所需的位置及尺寸。

　　参照平面绘制完成后，点击"绘制"界面中的"起点-终点-半径圆"和"直线"（图 4-28）来对拱圈的模型线进行绘制。

　　如图 4-29 所示，完成拱圈的模型线绘制。

　　点击视图界面中的"三维"界面，将视图切换到三维中，观察绘制完成的拱圈模型线，点击 Tab 键或框选拱圈模型线，选择完成后使用"创建形状"下的"实心形状"命令（图 4-30），对模型线赋予实体。

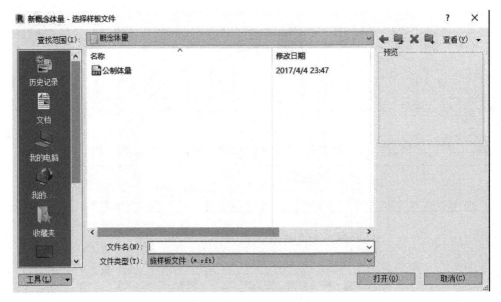

图 4-25　创建公制体量模型

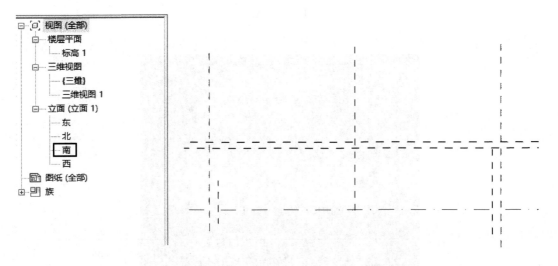

图 4-26　视图浏览器　　　　　　　　　　　　图 4-27　绘制参照平面

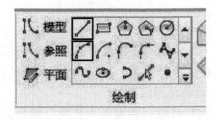

图 4-28　绘制模型线界面

　　点击创建完成的拱圈模型的一个拱面，按设计尺寸控制拱圈的厚度（图 4-31），如难以点击拱面位置，可以使用 Tab 键进行切换选择。

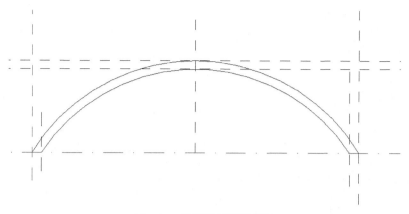

图 4-29　拱圈的模型线绘制

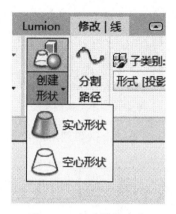

图 4-30　创建形状命令

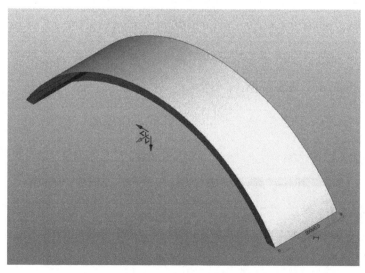

图 4-31　拉伸模型面

整体完成绘制的单个拱圈模型如图 4-32 所示。

将视图切换至"楼层标高"，创建一条用以镜像拱圈的参照平面，使用"修改"列表

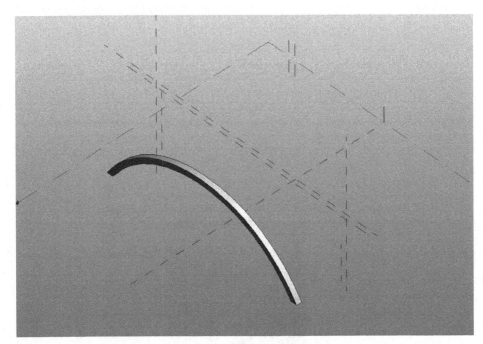

图 4-32　单个拱圈模型

中的"镜像"命令（图 4-33），复制另一个拱圈到对应位置。

图 4-33　"镜像"命令

镜像复制完成的拱圈模型如图 4-34 所示。

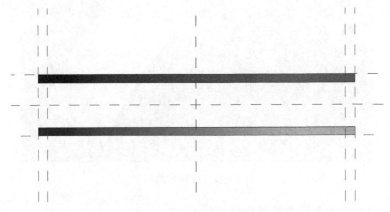

图 4-34　对称的拱圈模型

将视图切换至东立面（或西立面），按照与绘制拱圈相同的思路，对桥面板的参照平面进行按尺寸绘制（图 4-35）。

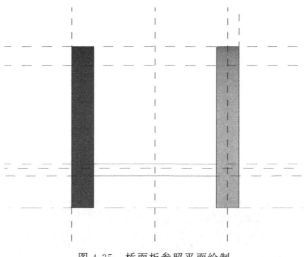

图 4-35　桥面板参照平面绘制

参照平面绘制完成后，同绘制拱圈的步骤，首先依照设计尺寸进行桥面板形状模型线的绘制，模型线绘制完成后使用创建形状命令使模型线变成实体模型，最后利用桥面板模型的一个面进行桥面板长度的控制，完成后的桥面板模型如图 4-36 所示。

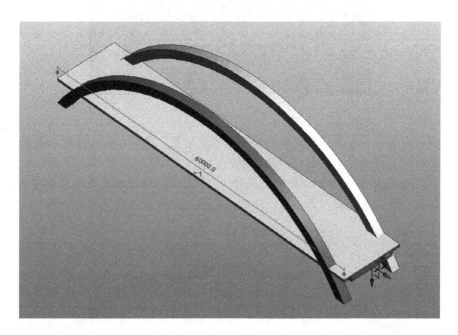

图 4-36　桥面板模型

再次回到南立面中，进行拱桥拉杆的绘制。同样地，首先进行控制拉杆位置与距离的参照平面绘制（图 4-37）。

将视图切换至楼层平面，进行拉杆的横截面形状绘制（图 4-38）。

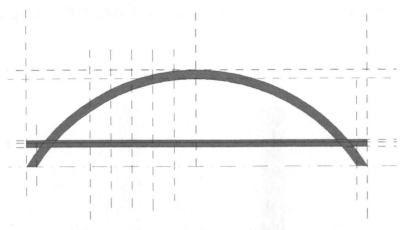

图 4-37　拉杆参照平面绘制

图 4-38　栏杆横截面

　　横截面创建完成后，即可对模型线使用"创建形状"命令，值得注意的是圆形形状需要选择所生成的立体形状，这里选择圆柱体。

　　图 4-39 为立杆模型，由于全桥单面共有 11 根立杆，故此处可以使用如"复制""阵列"等不同命令来快速绘制多根立杆，读者可以自由发挥，多尝试几种绘制方式。

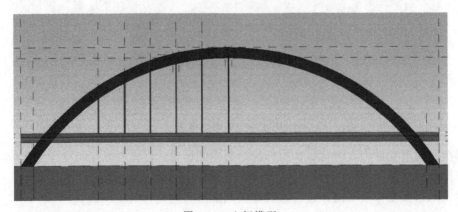

图 4-39　立杆模型

单面的一半立杆模型绘制完成后，可以使用绘制拱圈模型中所示的方法，使用"镜像"命令来快速创建另一半和另一面的立杆模型，绘制完成的模型如图 4-40 所示。

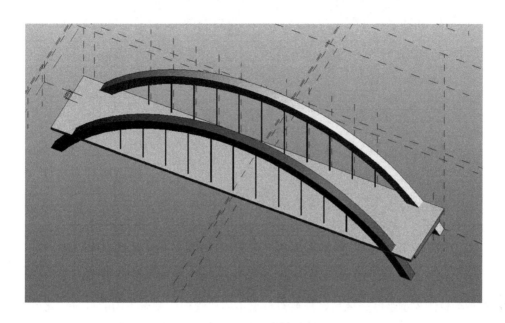

图 4-40　整体立杆模型

最后，进行连系梁模型的绘制，首先绘制控制模型位置与尺寸的参照平面（图 4-41）。

图 4-41　连系梁参照平面绘制

参照平面绘制完成后，利用上述所学的方法，完成连系梁整体模型的绘制，绘制完成的桥梁整体模型如图 4-42。

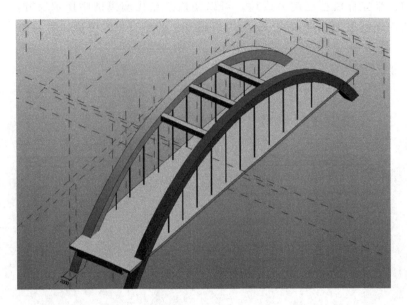

图 4-42　桥梁整体模型

在桥梁整体模型绘制完成后，需要对桥梁不同位置构件赋予不同的材质，此处以一个拱圈为例。利用 Tab 键选中一个拱圈模型，在"属性"菜单（图 4-43）中点击"材质与装饰"中的材质右侧空格，未赋予材质的模型该空格中展示为"＜按类别＞"，此时点击右侧出现的"…"按键，出现材质浏览器。

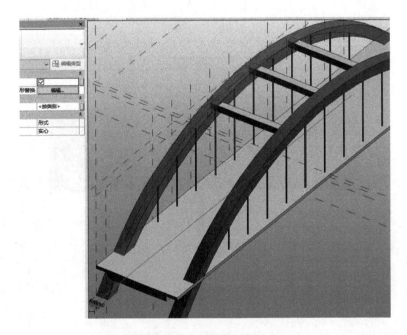

图 4-43　"属性"界面

在出现的"材质浏览器"中选择所需的材质即可（图 4-44），如浏览器中没有所需的材质，也可以自行创建需要使用的材质。

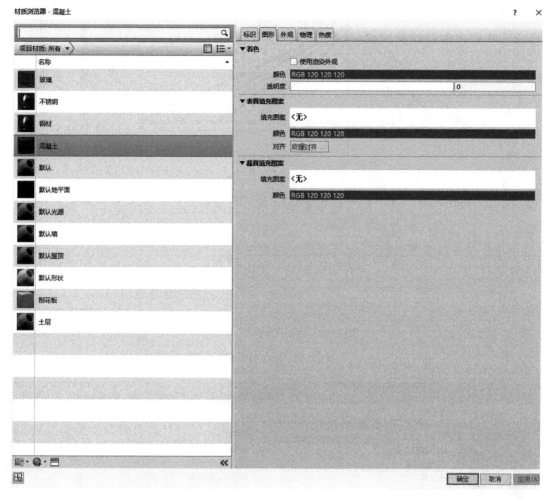

图 4-44 材质浏览器

4.7 斜拉桥模型的创建

4.7.1 斜拉桥模型图纸

以第十二期"全国 BIM 技能等级考试"一级试题为例,对斜拉桥的绘制过程展开介绍。根据给出的对称斜拉桥的左半部分的三视图,用构件集方式创建该斜拉桥的三维模型,题中倾斜拉索直径为 500mm,拉索上方交于一点,该点位于柱中心距顶端 5m 处。图纸如图 4-45 所示。

斜拉桥建模

4.7.2 斜拉桥模型创建

图 4-45 中墩、塔柱、主梁、斜拉索的尺寸均标注完整,在此不做过多赘述。打开 Revit 软件,采用的族样板为"公制常规模型",如图 4-46 所示。

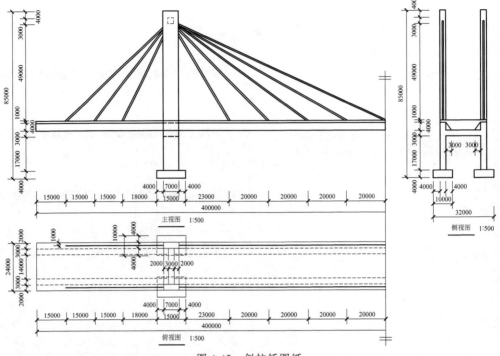

图 4-45　斜拉桥图纸

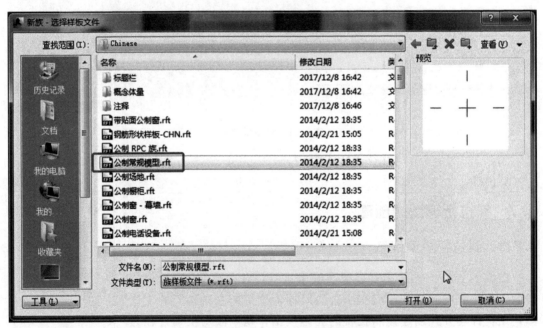

图 4-46　采用"公制常规模型"族样板

　　按照墩、塔柱、主梁、斜拉索的顺序进行绘制。进入平面视图，首先按照图纸尺寸绘制参照平面，如图 4-47 (a) 所示；而后通过"拉伸"命令创建桥墩，并在"属性栏"中设置拉伸终点为"4000mm"，即为桥墩厚度，如图 4-47 (b) 所示；点击"✔"，桥墩创建完成，进入三维视图查看三维模型如图 4-47 (c) 所示。

　　塔柱的建模过程与桥墩类似，进入"左"立面视图，根据图纸信息绘制参照平面；通

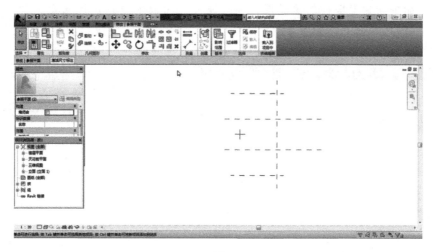

(a)

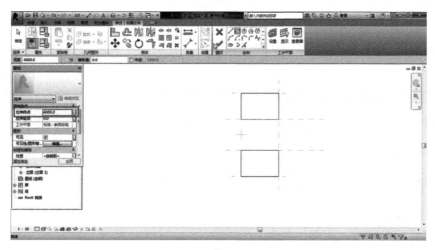

(b)

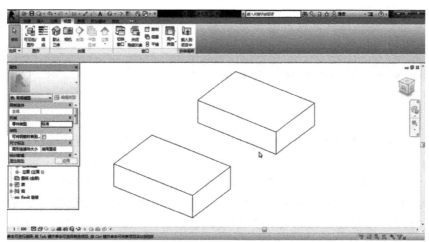

(c)

图 4-47　桥墩创建过程

过"拉伸"命令绘制出塔柱的侧轮廓，在"属性"面板中设置拉伸起点为"4000mm"，拉伸终点为"11000mm"，如图 4-48（a）所示；点击"✔"完成绘制，在三维视图中显示结果如图 4-48（b）所示。

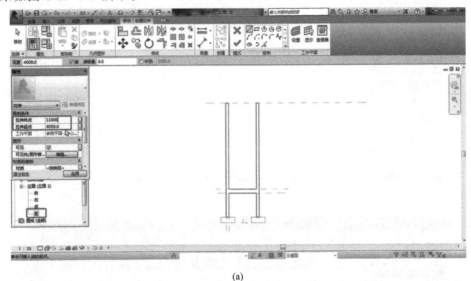

(a)

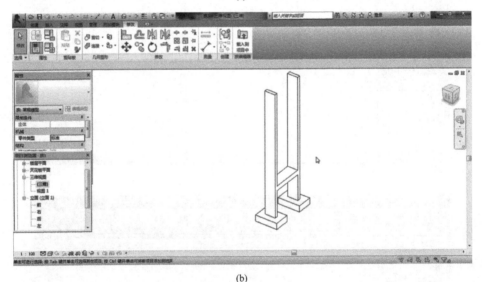

(b)

图 4-48　塔柱创建过程

　　塔柱上端系梁绘制过程，与前两构件相似，只需在"前"立面视图中创建参照平面并采用"拉伸"命令进行创建。需要说明的是，拉伸命令的起点和终点不一定要在"属性"面板中输入，在三维视图中拉动控制杆同样可以达到目的，如图 4-49 所示。

　　梁的绘制过程同样采用"拉伸"命令，打开"左"立面视图，根据图纸绘制参照平面，并采用"拉伸"命令绘制横截面，点击"✔"完成绘制；但由于在之前操作中未设置"前"立面视图中的参照平面，故暂不对拉伸起点、终点进行设置。如图 4-50（a）、（b）所示。

　　进入"前"立面视图，根据图中所给尺寸绘制参照平面；而后拖动刚刚创建梁左右两端的控制杆，使其对齐最边缘参照平面如图 4-50（c）所示，此时，除斜拉索外，其余部件均已完成一半。

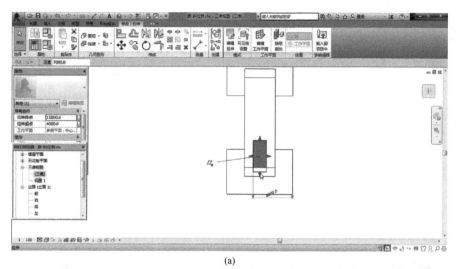

(a)

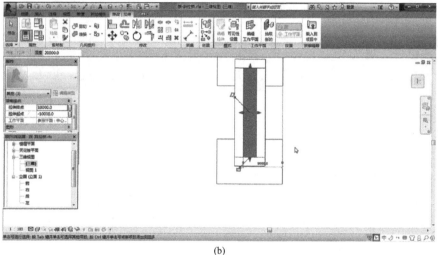

(b)

图 4-49　系梁的创建过程

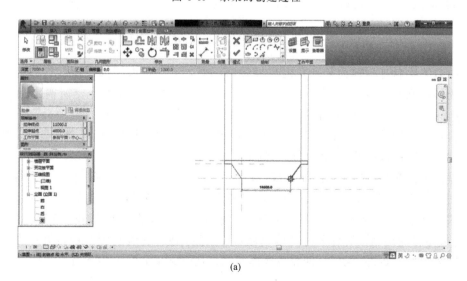

(a)

图 4-50

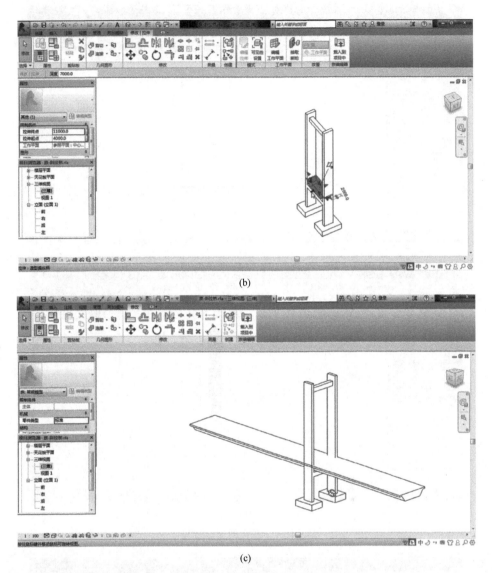

图 4-50　桥面的创建过程

　　斜拉索的绘制过程较为复杂，但整体思路不变，首先依旧根据图纸信息确定参照平面，分为斜拉索顶端交点以及桥面各锚固点位置；顶端交点位置确定所需参照平面在"前"立面视图中绘制，而桥面各锚固点则需要在"楼层平面"下的"参照标高"视图中绘制；值得注意的是，可能在"参照标高"视图中无法将项目中的图元全部显示，此时可以通过"属性"面板中的"视图范围"调整，如图 4-51 所示。

　　根据图纸信息将参照平面绘制完成后，为了将斜拉索绘制在目标的位置，需要重新选取一个新的工作平面，此工作平面为斜拉索真实位置所在立面图，如图 4-52 所示；在新的工作平面上通过"放样"命令，单击"绘制路径"，选择目标斜拉索起终点，单击"✔"完成路径的绘制；而后单击"编辑轮廓"，选择在"三维视图"中打开；在斜拉索截面上输入半径，点击"✔"，即完成放样绘制，最终结果如图 4-53 所示。

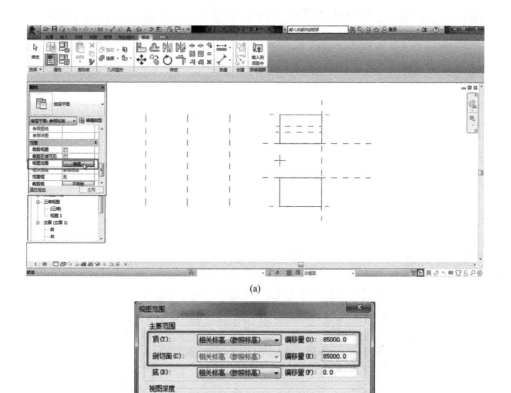

(a)

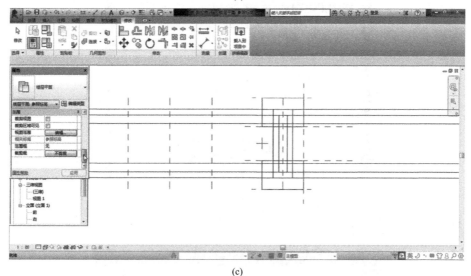

(b)

(c)

图 4-51　调整视图范围

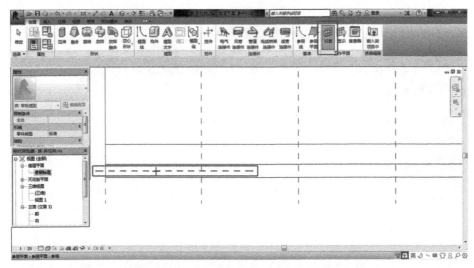

(a)

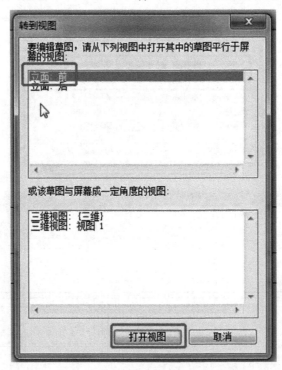

(b)

图 4-52　设置工作平面

(a)

(b)

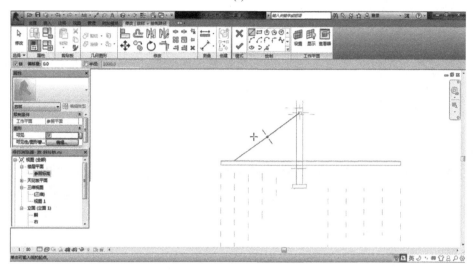

(c)

(d)

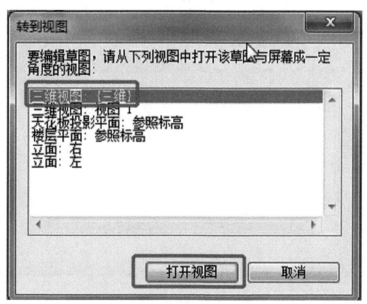

(e)

图 4-53

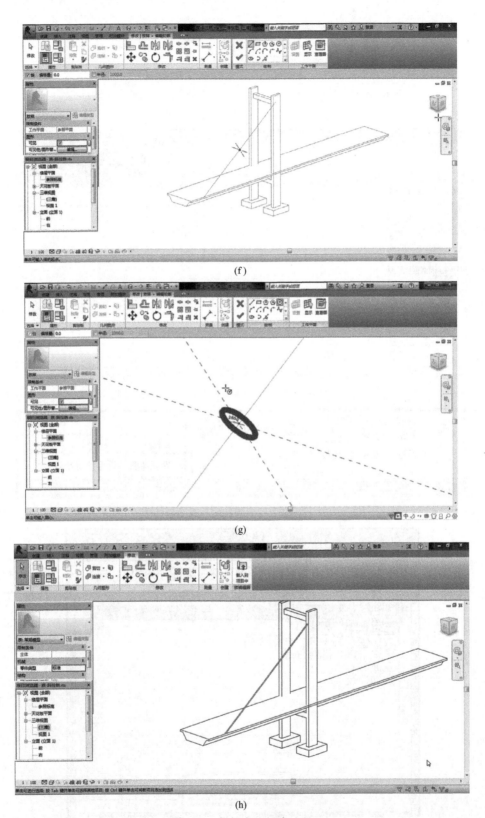

(f)

(g)

(h)

图 4-53　斜拉索的创建过程

　　通过同样的方式，完成同一侧剩余的斜拉索绘制，如图 4-54（a）；而后通过镜像命令，完成对侧斜拉索的绘制；此时已完成图纸中斜拉桥的一半，如图 4-54（b）所示。

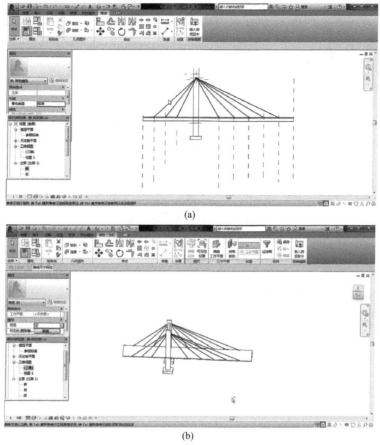

(a)

(b)

图 4-54　整体构件的一半

　　最后，通过"镜像"命令，完成另一半大桥的绘制，但中间的部分并未连接，而是分开的，如图 4-55（a）所示；此时通过"连接"命令，完成对桥体两侧主梁的连接；最终模型如图 4-55（b）所示。

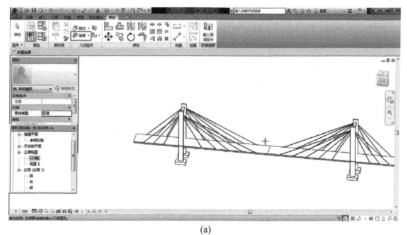

(a)

图 4-55

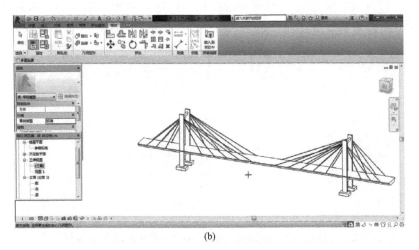

(b)

图 4-55 斜拉桥完整模型

思考题:

1. 基于 BIM 结构设计的基本流程有哪种?

2. 编辑项目中族的方法有哪些?

3. BIM 技术在概念设计、初步设计、施工图设计阶段应用内容有哪些?

留下你的答案吧

| 第5章 | 下部结构模型参数化

5.1 桩基础模型参数化介绍

本次参数化介绍以最简单的桩基础为例，在按照设计图给的尺寸绘制好桩基的族模型后，使用尺寸标注可以对一个桩基础模型的尺寸进行标注，包括直径和高度。在标注后对该尺寸进行参数化，具体过程如下所示。

见图 5-1，首先对桩基础的直径和高度进行标注，这里需要注意的是桩基础的直径定义需要在编辑拉伸中进行。

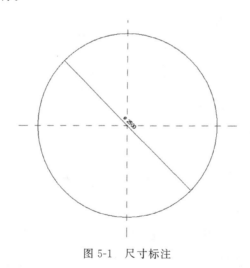

图 5-1　尺寸标注

见图 5-2，在创建尺寸标注后，选择该尺寸标注，点击"标签尺寸标注"右方的"创建参数"按钮。

图 5-2　对尺寸标注赋予参数

见图 5-3，进入"参数属性"界面后，即可对该参数定义"名称""参数类型"等信息，在确定信息后点击确定即可。

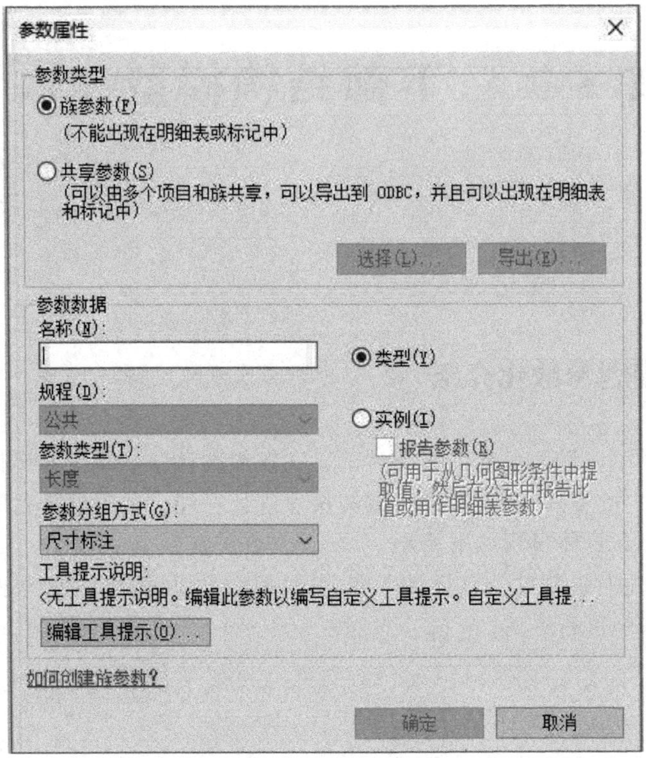

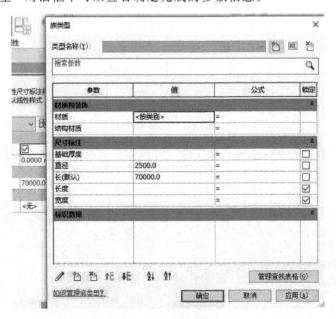

图 5-3　参数信息确定

见图 5-4，在参数信息确定后，可以通过点击上部界面"属性"列表中的"族类型"选项，在"族类型"对话框中可以查看确定完成的参数信息。

图 5-4　族类型参数修改

见图 5-5，在参数创建完成后，按照设计要求尺寸使用 Excel 软件对各号桩基础进行参数化定义，所需要完成的表格如图 5-5 所示，需要注意的是尺寸名称与 Revit 软件中所定义的名称要一致，且尺寸名称后需加代码♯♯length♯♯millimeters，为毫米的尺寸定义代码。不同的参数代码也不尽相同，在这里列举几个长度的代码 length：feet、inches、meters、centimeters、millimeters。在本次参数化中只涉及长度的代码，在未来的 BIM 学习中会涉及更多参数化的内容，可以自行查阅其他参数化的代码。

	A	B	C	D	E
1		桩长##len	直径##length##millimeters		
2	1号桩	25000	2200		
3	2-5号桩	45000	2200		
4	6号桩	40000	2200		
5	7号桩	30000	1800		
6	8/9号桩	25000	1800		
7	10号桩	40000	2500		
8	11/12号桩	60000	2500		
9	13号桩	70000	2500		
10	14号桩	60000	2500		
11	15号桩	25000	2500		
12	16-18号桩	25000	1800		
13	19/20号桩	30000	1800		
14	21号桩	45000	1800		
15	22号上桩	17770	2000		
16	22号下桩	26000	2200		
17	23号上桩	12480	1800		
18	23号下桩	26000	2000		
19					

图 5-5　使用 Excel 导入参数

见图 5-6，在 Excel 中保存为相应的参数化信息，在保存时选择另存为 csv 格式。

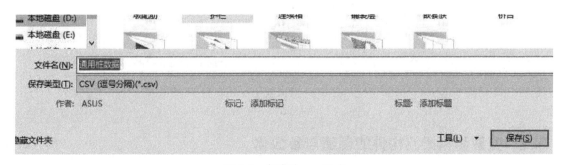

图 5-6　保存为 csv 格式

见图 5-7，右键点击创建完成的 csv 格式 Excel 文件，打开方式选择为 txt 格式，打开后选择保存即可。

需要注意的是 txt 格式的参数化文件名称应与 Revit 的 rvt 格式文件名称相同，否则将会导致导入参数失败。现在尝试将参数化完成后的桩基础导入到其他族文件或项目文件中时，就会出现如图 5-8 所示的多种类型桩基，按住 Shift 键即可一次性导入多种尺寸的桩基础族文件，省去了多次创建模型的麻烦。

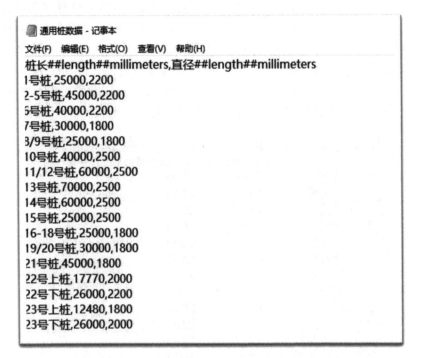

图 5-7　使用记事本打开 csv 文件

图 5-8　导入到项目中

5.2　变截面箱梁族构件的创建与参数化

　　变截面箱梁是本次桥梁模型建立的重中之重，变截面箱梁的创建过程也是族构件参数化的最好展现。图纸见图 5-9。

　　变截面箱梁所使用的族构件创建方式也与上述方式不同，它不采用拉伸这种较为简单的构件绘制方式，而是使用放样融合这种复杂的绘制方法。放样融合常用于结构复杂、三维结构中包含曲面的几何结构。

　　见图 5-10，在使用放样融合前，需要先建立箱梁的内外轮廓族文件，而绘制轮廓族则需要在创建文件时选择"公制轮廓"的族样板文件。

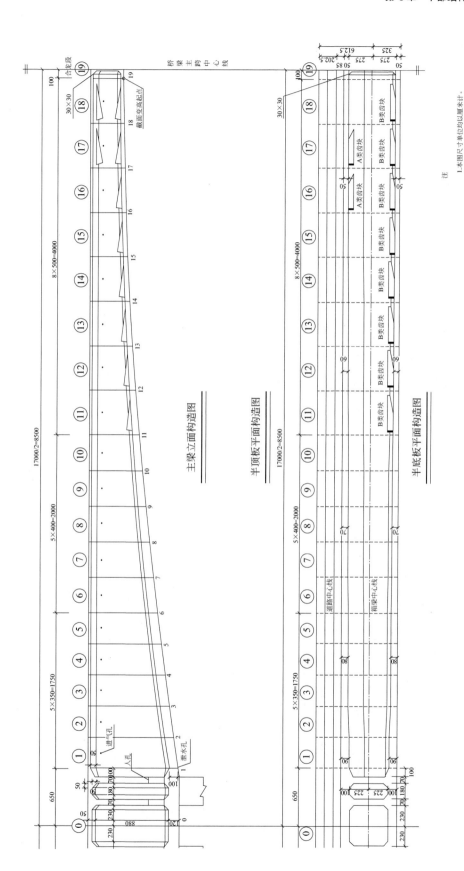

(a) 变截面箱梁纵断面图纸(节选)

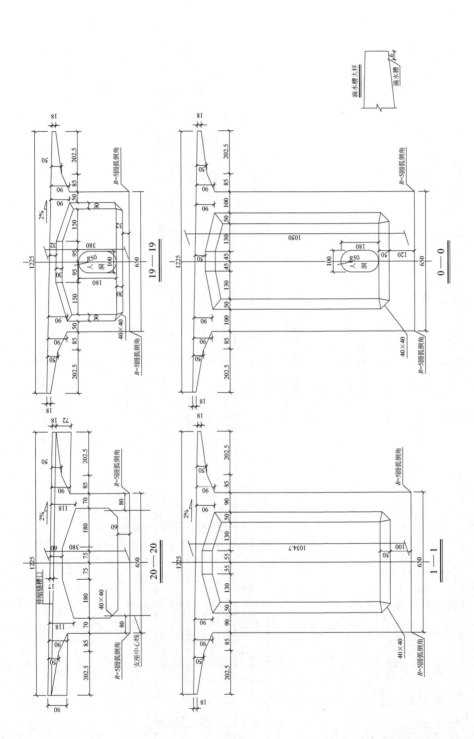

(b) 变截面箱梁横断面图纸

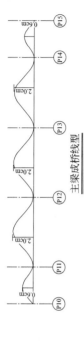

支座上楔形块示意图

伸缩缝位置主梁翼缘变高图

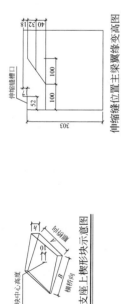

主梁成桥线型

主梁节段参数表

截面号	0	1	2	3	4	5	6	7	8	9	10	11	12	13	14	15	16	17	18	19	20
节段号	0	1	2	3	4	5	6	7	8	9	10	11	12	13	14	15	16	17	18	19	20
节段长度/m	0	1.3	3.5	3.5	3.5	3.5	4	4	4	4	4	5	5	5	5	5	5	5	5	2	5.9
梁高/m	10.5	10.347	9.825	9.321	8.838	8.374	7.930	7.448	6.992	6.564	6.163	5.791	5.365	4.986	4.654	4.372	4.141	3.984	3.847	3.80	3.8
顶板厚/cm	50	32	32	32	32	32	32	32	32	32	32	32	32	32	32	32	32	32	32	32	60
底板厚/cm	120	100.0	99.5	98.6	97.2	95.5	93.3	90.4	87.1	83.3	79.2	74.8	68.9	62.7	56.4	50.1	44.1	38.6	34.2	32	60
腹板厚/cm	100	90	90	80	80	80	80	70	70	70	70	60	60	60	60	50	50	50	50	50	70
节段体积/m³	553.34	98.42	92.27	86.32	83.41	80.53	86.08	80.15	76.95	73.83	68.90	79.83	75.82	71.20	65.91	61.89	59.29	57.21	55.89	29.92	109.18
节段重量/t	1438.69	255.89	239.89	224.44	216.85	209.37	223.82	208.39	200.07	191.95	179.13	207.56	197.13	185.12	171.37	160.90	154.16	148.75	145.30	77.80	283.88
节段数量	4	8	8	8	8	8	8	8	8	8	8	8	8	8	8	8	8	8	8	2	2
施工方法	T	T	X	X	X	X	X	X	X	X	X	X	X	X	X	X	X	X	X	D	T

双幅混凝土合计/m³　26705.23

注：1. 本图尺寸单位均以厘米计。
2. 梁高从截面中心起点到悬臂根部按照1.8次抛物线变化。
底板厚度从截面中心起点到0号块底面倒角边缘按照2.0次抛物线变化。
3. 主梁采用C60混凝土浇筑。
4. 除0号块与合拢段外，每段均在腹板中设φ10通气孔一对，采用PVC管预埋。
5. 主梁外露面要采线条平顺，棱角完整。主梁顶面垂直浇筑，考虑横坡。主梁底面保持水平。
6. 在梁底设支座上楔形块浇筑，与箱梁同时浇筑。并考虑横坡，纵坡的影响，楔形块底面保持水平，楔形块各角点高度由施工单位推算。
墩顶及桥台顶楔形块中心高度为10cm，楔形块中心点高度由施工单位推出。
7. 表中各施工方法含义如下：
X——挂篮悬臂施工；
D——吊架施工；
T——托架施工。
8. 表中未计入预应力钢束块混凝土工程量。
9. 图纸仅给出主梁成桥线型预拱度型跨中数值。其余各梁段由监控单位给出。
10. 施工过程中的预拱度根据实际施工情况根据实际施工单位给出。
数值按二次抛物线分配。

(c) 变截面箱梁数据图纸

图 5-9　变截面箱梁图纸

图 5-10　公制轮廓族样板文件

公制轮廓文件创建完成后，在公制轮廓界面使用模型线按照设计图给出的数据绘制出箱梁内轮廓尺寸，该内轮廓尺寸以零号块为例，但轮廓尺寸可以随意绘制，对后续操作没有影响。如图 5-11 所示，使用"修改 1 放置线"选项卡的"绘制"面板开始绘制。

图 5-11　公制轮廓模型线选择

在内轮廓绘制完成后，使用尺寸标注对内轮廓中所有需要进行参数化的边进行尺寸标注处理。标注完成后如图 5-12 所示。

在内轮廓绘制完成后，保存该文件并继续创建箱梁的外轮廓，箱梁的外轮廓也采用公制轮廓族参与绘制。

外轮廓的创建流程与内轮廓相似，在尺寸没有严格要求的基础上一定要将设计图中所给的大致轮廓全部绘制出来并完成尺寸标注的参数定义。编辑完成后对有需要的各边进行标注处理。完成后的效果如图 5-13 所示。

在内外轮廓绘制完成后，创建新的族文件来进行箱梁一个号块整体模型的创建。如图 5-14 所示，在该模型的创建中选择"形状"菜单里的"放样融合"选项。

如图 5-15 所示，创建放样融合时需要选择"绘制路径"选项，在参照标高中绘制一条直线，直线绘制完成后两端自动生成两个轮廓端点。

在放样融合界面选择"载入轮廓"选项，如图 5-16 所示，将之前创建好的内外轮廓载入到该族文件中，在载入时可以复制内外轮廓各一次，以便两端的轮廓使用。

轮廓载入完成后，便可以进行两端轮廓的编辑，点击放样融合界面中的"选择轮廓

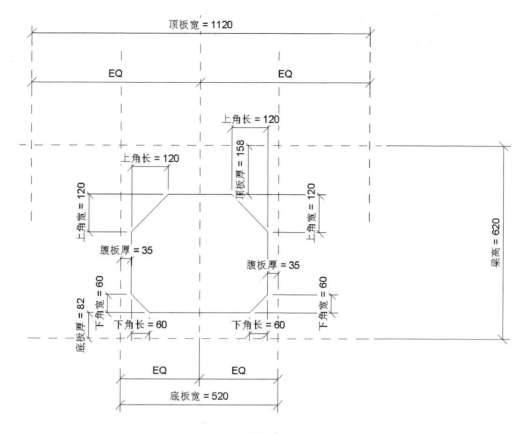

图 5-12　内轮廓尺寸标注

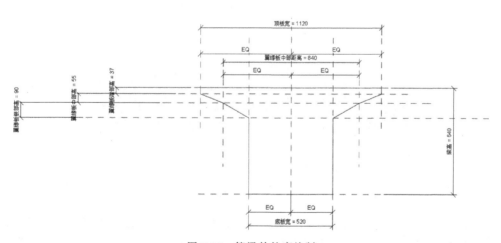

图 5-13　箱梁外轮廓绘制

1"和"选择轮廓 2",并在轮廓中选择外轮廓。两端轮廓载入后点击"完成放样融合"即可完成箱梁外轮廓模型的创建。

在外轮廓模型创建完成后,便可以继续进行内轮廓模型的创建。由于内轮廓模型为空心形状,所以在内轮廓模型的创建中选择空心放样融合的方式创建。空心放样融合的创建方法与外轮廓别无二致,只需注意创建两个放样融合的直线长度与位置一致即可,步骤与

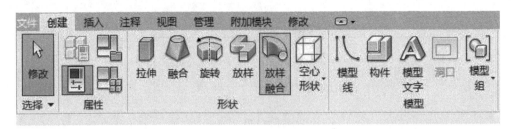

图 5-14 放样融合选项

图 5-15 绘制路径

图 5-16 载入轮廓

创建实心放样融合相同，选择"形状"菜单里的"空心形状"，见图 5-17 所示。

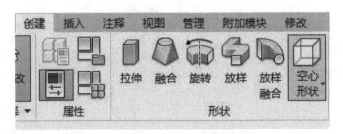

图 5-17 空心放样融合

内外轮廓的放样融合全部创建完成后，变截面箱梁的模型创建基本完成，现在需要把内外轮廓中的参数导入到箱梁的整体模型中，进行参数化定义，以便在未来进行箱梁批量参数化时能够定义箱梁两边截面的尺寸，如图 5-18 所示。

至此，箱梁中的一个号块创建完毕，现在可以将视图转为三维视图（图 5-19）来观察箱梁的完成度，检查是否出现模型错误。

如果在三维视图中观察箱梁中内轮廓不是空心，可以通过点击"修改"选项卡下"几何图形"中的"剪切"选项，如图 5-20 所示，进入剪切模式后再次点击箱梁内轮廓模型和外轮廓模型，剪切后该模型即可正确显示箱梁的空心模型。

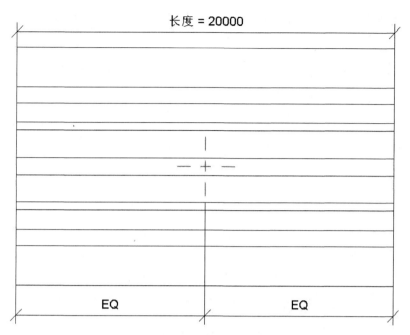

图 5-18 箱梁平面图

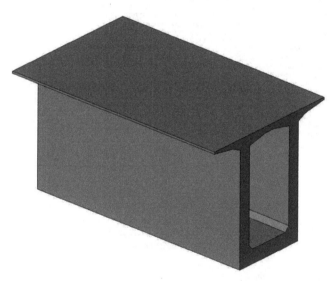

图 5-19 箱梁三维视图

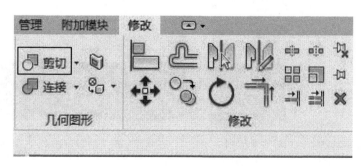

图 5-20 剪切空心模型

模型创建完成后与 5.1 中展示的参数化方法一样，在 Excel 中输入各号块截面的各部位尺寸，尺寸如图 5-21 所示。

图 5-21　使用 Excel 导入参数

将 Excel 文件保存为 csv 格式，使用记事本模式打开（图 5-22），最终保存为 txt 格式，即可用于导入参数。

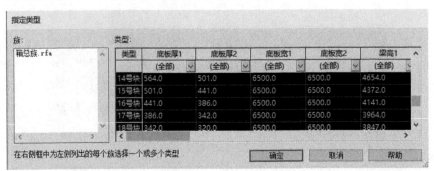

图 5-22　使用记事本打开 Excel 文件

导入到项目中如图 5-23 所示。

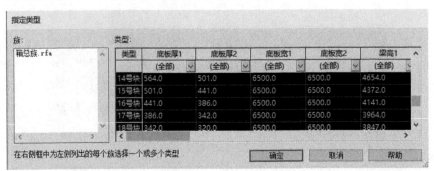

图 5-23　导入到项目中

思考题：

1. 参数化构件的制作和使用有什么好处？

2. BIM 在设计中的重要作用有哪些？

3. 请综合描述 BIM 在桥梁设计中如何进行多专业协同？

留下你的答案吧

第6章 桥梁主桥整体模型创建实例

6.1 主桥地形图的绘制

在 Revit 中绘制地形图首先要把原有的等高线图纸进行二维化，也就是使用 Auto-CAD 软件来进行等高线的二维描绘。第一步需要把原格式为 PDF 文件的设计图纸截图并保存为 jpg 格式，然后在 CAD 中选择插入图像文件将设计图中的等高线导入，如图 6-1 所示。

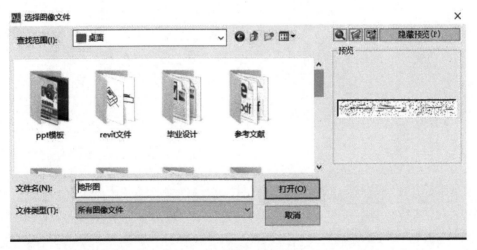

图 6-1 CAD 导入图像文件

导入等高线图像后，将图纸置于底部，使用 PL 快捷键对等高线进行描绘，如图 6-2 所示。等高线描绘完成后新建一个图层将桥梁所处位置也绘制出来。绘制完成后需要用一个方框将所有等高线包围起来，并令所有等高线与其相接，以免在导入 Revit 时地形产生变形。

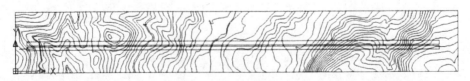

图 6-2 CAD 绘制等高线

等高线绘制完成后，需要对每一根等高线定义标高（图 6-3），标高可以定义为与设计图一致的高度，也可以取一根为零，其他等高线根据零线确定高程。

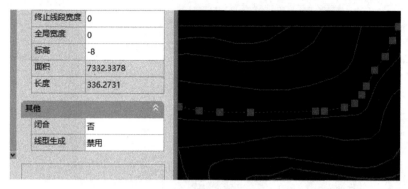

图 6-3　确定等高线标高

在 CAD 中绘制完成等高线后，就可以将其导入 Revit 中。首先需要在 Revit 中创建一个项目（图 6-4），打开 Revit 后，选择"项目"中的建筑样板即可。

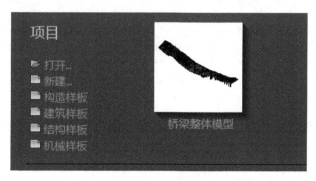

图 6-4　新建项目

创建好项目后，在 Revit 项目的"插入"菜单中选择"导入 CAD"即可以选择等高线文件。

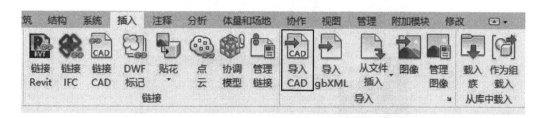

图 6-5　导入 CAD 文件

如图 6-6 所示，在导入等高线文件时需要注意将下方"导入单位"中的尺寸修改为"米"，以免地形尺寸产生偏差。其他选项可不做变化。

在 CAD 文件导入后，进入"体量和场地"菜单，选择"场地建模"中的"地形表面"选项（图 6-7）即可以令 Revit 依据 CAD 文件自动生成地形的三维模型。

在"地形表面"界面中，选择"通过导入创建"下的"选择导入实例"（图 6-8），然

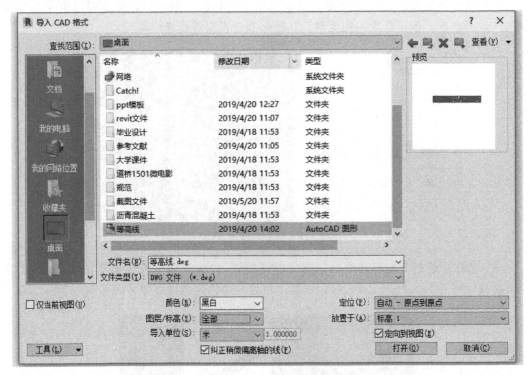

图 6-6　导入 CAD 文件格式

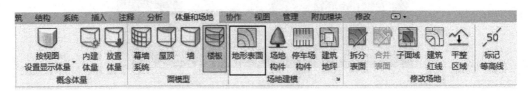

图 6-7　"地形表面"选项

后选取导入的 CAD 文件即可。

图 6-8　选择导入实例

　　在系统自动生成地形模型后，可以点击"简化表面"选项（图 6-9）来对地形表面精度进行调整，推荐将表面精度调整至 100 即可。

　　在上述工作全部完成后，即可点击"完成"来令 Revit 自动生成地形三维模型文件，需要注意的是，如果在 CAD 绘制等高线时没有在外围画一圈方框用以限制等高线，生成

图 6-9　地形表面精度

的地形图会产生变化。产生变化的地形图和正确生成的地形图对比如图 6-10、图 6-11
所示。

图 6-10　未限制等高线的地形图

图 6-11　正确步骤生成的地形图

6.2　主桥整体模型的创建

　　主桥的整体模型可直接使用上面所建立的地形项目。在该项目中导入之前所创建的所
有族文件，导入后族文件可以在左下角的"项目浏览器"中进行修改和删除（图 6-12）。

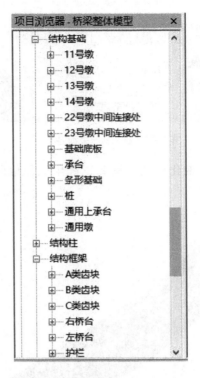

图 6-12　项目浏览器中的族文件

在项目中的"建筑"菜单中，可以在"基准列表"中选择绘制"轴网"（图 6-13）来对平面中各构件的位置进行定位。将视图转至 0.00 标高中，进行轴网的绘制。

图 6-13　轴网选项

在项目较大，轴网需求量较高时，可以使用"复制"或"阵列"来批量绘制轴网（图 6-14）。

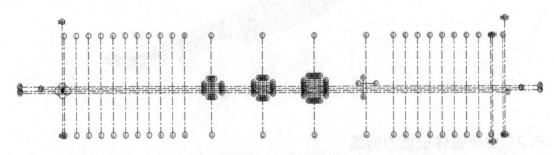

图 6-14　批量绘制轴网

轴网绘制完成后，将菜单切换至"结构"（图 6-15），在该菜单中可以选择之前导入的所有族文件并进行放置。所创建的族文件大都在梁和独立基础的下属菜单中。

图 6-15　结构菜单

　　确定好需要放置的族文件后，可以在左侧的"属性"列表（图 6-16）中选择模型，选择完成后在轴网确定好的相应位置点击放置即可。

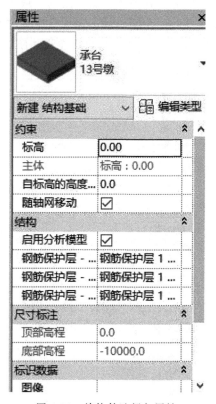

图 6-16　族构件选择与属性

　　在族构件放置过程中值得一提的是变截面箱梁的放置，箱梁放置必须按照箱梁号块按照指定方向放置，否则会产生模型反向放置、变截面出错的问题。正常放置后的变截面箱梁三维模型如图 6-17 所示。

图 6-17　变截面箱梁三维模型

在所有族构件放置完成后（图6-18），再次在标高视图平面图中确定各构件位置是否正确，是否与设计图中地形图相对应。

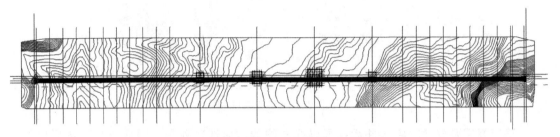

图 6-18　族构件放置完毕后的平面图

在确认族构件放置位置无误后，将视图转至北立面（或南立面）中，进行构件高度的修改。高度修改需要在点击构件后，左侧出现的族属性中修改其自标高的高度，将其调整至设计位置，如图6-19所示。同一高度的构件可以全选后统一进行修改。

图 6-19　修改构件标高

标高调整完毕后，桥梁整体模型项目至此创建完成，桥梁整体模型侧视图见图6-20。可以在各立面中再次确认构件的高度以免产生误差。

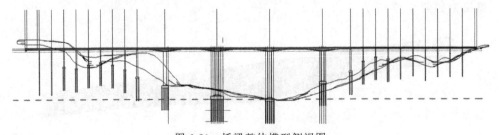

图 6-20　桥梁整体模型侧视图

将视图调整至三维视图中（图 6-21）观察创建完成的桥梁模型，将该模型与设计图进行对比检查来确认模型的正确性及完成度。需要注意的是，地形图与桥梁模型的相互位置存在误差属于可以接受的范围，因为自动生成的地形不是百分百准确，与实际情况存在一定偏差。

图 6-21　桥梁整体模型三维图

6.3　主桥整体模型漫游动画的制作

在整体模型建立完毕后，可以通过建立漫游来导出一个展示模型所用的动画，以便更加直观地查看该模型。

如图 6-22 所示，首先进入整体模型平面视图中，打开"视图"界面，选择其中的"三维视图"下拉菜单点击"漫游"选项。

进入漫游路径绘制界面后，按照自己的喜好在桥梁模型周围随意绘制一条漫游动画路径，如图 6-23 所示。路径绘制完成后点击完成绘制即可。

图 6-22　选择漫游选项

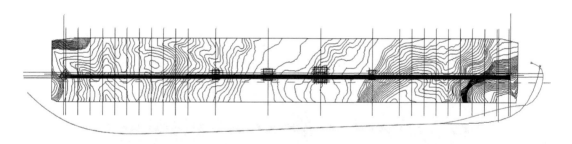

图 6-23　绘制漫游路径

漫游路径绘制完成后，点击该路径，选择编辑漫游选项（图 6-24）。

在漫游路径编辑界面便可以完成对漫游视角的控制，点击小照相机按键即可拖动视角在路径上的位置，视角三角形前端的蓝色圆圈功能为控制视角的距离，小照相机前的粉色圆圈功能是控制视角的方向，如图 6-25 所示。

在编辑漫游的过程中，需要拖动小照相机按键在每个控制点处修改视角方向，在每个控制点都完成所需要视角方向的调整后，漫游的动画制作就接近尾声了。图 6-26 为编辑漫游镜头视角。

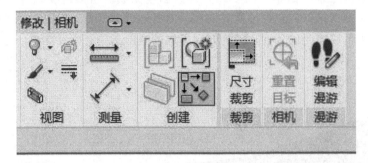

图 6-24　编辑漫游

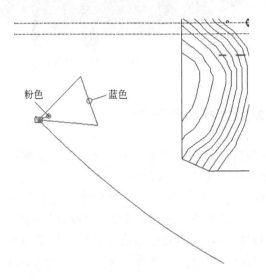

图 6-25　编辑漫游镜头位置

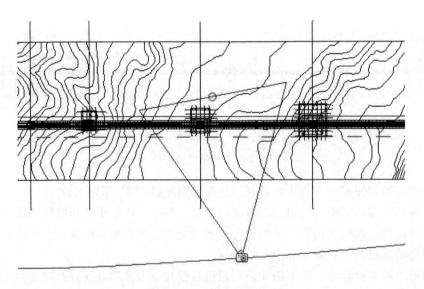

图 6-26　编辑漫游镜头视角

大致完成漫游动画的路径后，在"项目浏览器"中将视图调至新生成的"漫游"视图中，在该视图中可以调整动画的上下左右显示范围，如果对其中的动画效果不是非常满意，可以点击漫游动画的边框再次进入编辑模式来完成对视角等内容的修改。图 6-27 显示的为漫游动画预览。

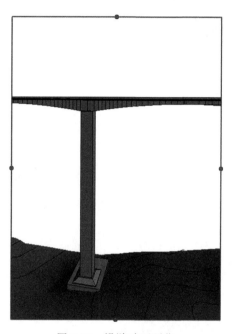

图 6-27　漫游动画预览

在漫游动画预览满足要求后，即可将漫游动画导出。点击左上角的"文件"-"导出"-"图像和动画"-"漫游选项"，选择适当的长度及格式就可以完成漫游动画的导出，如图 6-28 所示。

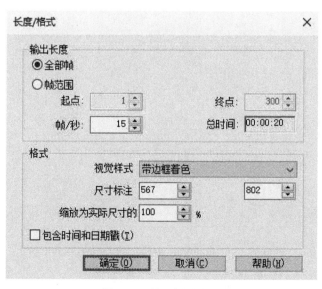

图 6-28　导出漫游动画

思考题：

1. 用于在地形表面内定义一个面积的工具是什么？

2. 漫游类型属性中是否有标识数据？漫游应用视图样板中是否有视图属性？

3. 基于 BIM 的桥梁结构设计与传统桥梁结构设计的区别，桥梁结构设计基本流程有哪些？

留下你的答案吧

| 第 7 章 | Revit 桥梁工程钢筋的建模

7.1 Revit 钢筋绘制的基本操作

钢筋是结构工程项目最重要的组成部分之一,其工程质量直接关系到实际工程的安全性问题。在桥梁工程中,设计师们都一直十分重视钢筋的问题,传统 CAD 图纸设计是二维视图,这样设计师在设计时看不到钢筋的实体形状以及钢筋冲突,处理效率低且很容易出现不合理的处置甚至出现错误。

相比于在二维视图下配置钢筋,应用 BIM 技术基于 Revit 软件绘制出的结构钢筋可随时调到三维视图中进行查看。在绘制结构钢筋过程中,Revit 软件对钢筋类型、形状以及钢筋的智能识别保护层功能都进行了十分细致的优化,设计师可以根据 Revit 软件自带的 53 种钢筋形状完成配筋,如遇到复杂图形也可编辑新的钢筋形状进行绘制。

7.1.1 钢筋主体涵盖范围与常用族样板

本小节主要讲解关于 Revit 中何种构件能够配筋,何种构件不能配筋以及不能配筋的构件怎样修改使其能够配筋。

引入一个新的名词——有效的钢筋主体。大体包括以下几大类:结构框架、结构柱、结构基础、结构连接、结构楼板、结构墙等。下面通过族的几种分类方式进行区分。

系统族:系统族大都可以进行配筋,但要求构件的材质必须为混凝土,如图 7-1 所示,分别为独立基础和楼板,均为混凝土材质。

这里可以注意到其他几种除楼板的系统族构件在配筋栏中只有"钢筋"一种选项,而楼板在配筋栏却有"面积""路径"等若干选项,这是因为 Revit 软件中默认把楼板这种面积大厚度小的构件的配筋简化了,可以直接按照区域钢筋进行绘制。在实际工程中,楼板的配筋也是可以通过区域的钢筋网片进行施工配筋的。

载入族:载入族的建模过程十分简单,因而被 Revit 设计师广泛使用,是 Revit 建模的核心。公制常规模型族样板绘制的构件在项目中是默认无法配筋的,需要在"属性"面板中将"可将钢筋附着到主体"选项勾选,这样才可以对其进行配筋。如图 7-2 所示。

在用"公制结构"的族样板绘制构件的过程中,"属性"面板中会存在一个新的名词选项——用于模型行为的材质,此材质默认为"其他"。将"用于模型行为的材质"改为

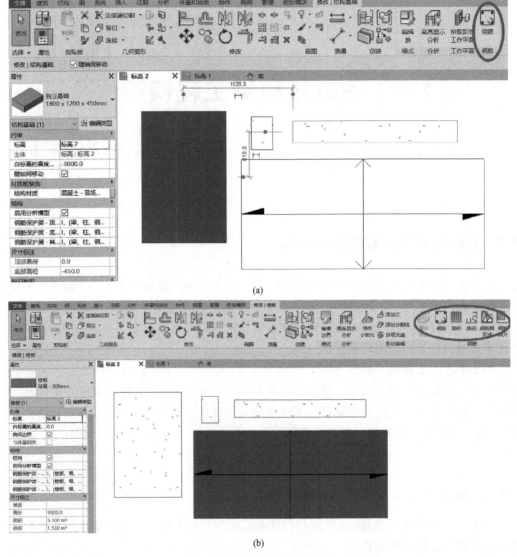

图 7-1   系统族的钢筋

"混凝土""预制混凝土""其他"才可以对此构件进行配筋,"木材"或"钢材"是不可以进行配筋的。如图 7-3 所示,(a)和(b)为"用于模型行为的材质"为"其他"的构件,(c)和(d)为"用于模型行为的材质"为"木材"的构件。

注意:由于一开始将"用于模型行为的材质"选为"木材",即使再导入项目中把材质再改为混凝土,也是无法进行配筋的 [图 7-3(d)],所以在导入项目之前就一定要确定好此信息,避免在之后出现不必要的麻烦。

内建族:内建族构件的配筋与载入族类似,在此不做过多说明。

在实际 Revit 建模的过程中,涉及配筋的常用族样板有以下几种,分别为:公制常规模型、公制结构框架-梁和支撑、公制结构基础、公制结构柱。由于桥梁的构造较为简单,在 Revit 桥梁的建模中一般不会涉及其他的族样板,此几种样板绘制的构件将在本书陆续为读者讲解。

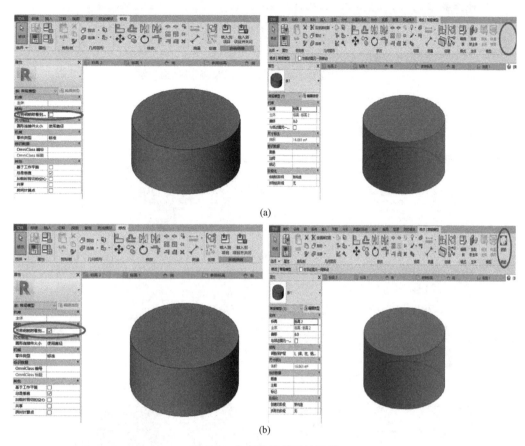

图 7-2　公制常规模型的配筋

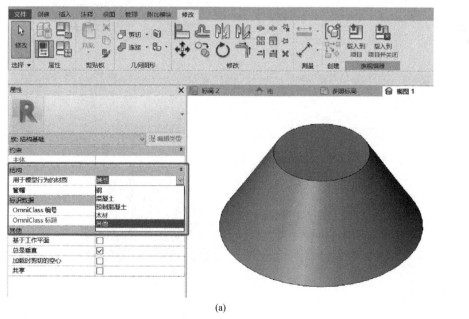

(a)

图 7-3

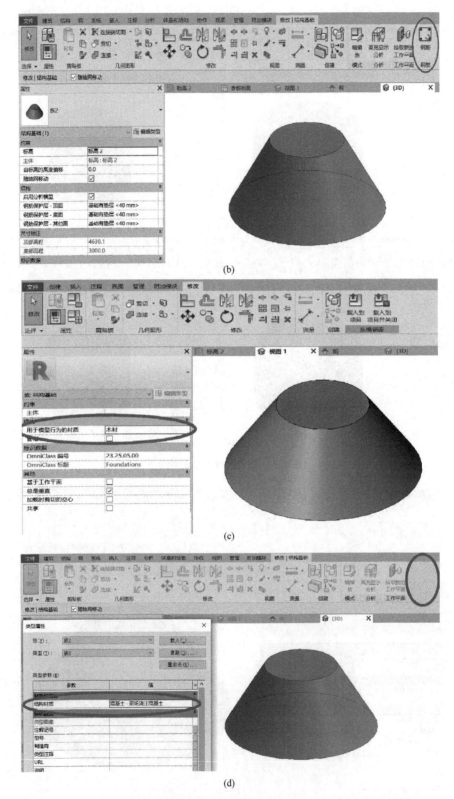

图 7-3　公制结构模型的配筋

7.1.2　钢筋保护层的定义与使用

本小节主要内容是掌握如何定义钢筋保护层，以及将定义的保护层赋予构件。

首先回顾钢筋保护层的定义以及作用：钢筋保护层是混凝土构件内部最外层钢筋的外边缘到混凝土面层的距离。钢筋保护层作用是：①为了保护钢筋与其周围混凝土能共同工作，并使钢筋充分发挥计算所需强度；②保证构件在设计使用年限内，钢筋不发生降低结构可靠度的锈蚀。

Revit 项目中设置钢筋保护层厚度，在"结构"选项卡中的钢筋栏，单击"保护层"选项，对构件保护层进行设置。同时可以提前设置几种常用的保护层厚度，单击钢筋栏下面的倒三角，在弹出的下拉菜单中单击"钢筋保护层设置"，进入设置保护层厚度。如图 7-4 所示。

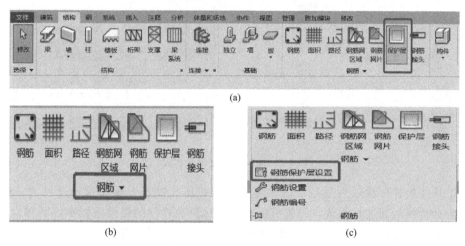

图 7-4　钢筋保护层设置

单击"钢筋保护层设置"，进入到系统默认设置好的保护层厚度选项，如图 7-5 所示。在此面板，使用者可以根据常用的保护层厚度，添加、删除或修改钢筋保护层参数，进而方便在实际建模中的操作。此面板分为两栏，前一栏为基本构件默认保护层信息的说明，后一栏的数值为具体保护层的值。

图 7-5　钢筋保护层参数的修改

设置保护层厚度有两种方法，如图 7-6 所示。单击"保护层"选项后，在选项栏中会有两种不同的钢筋保护层赋予方式，即"按图元赋予"和"按面赋予"。

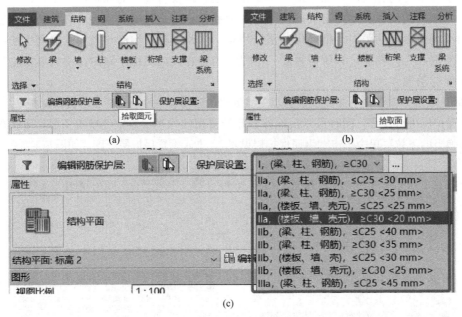

图 7-6　保护层厚度赋予构件

由于某些构件形状较为复杂，故大多采用"按图元赋予"保护层厚度的方式进行绘制，而后对特殊的面进行修改，设置好的保护层厚度在构件的属性面板中，同样也可以在此处进行修改。如图 7-7 所示。同时需要注意在绘制好结构钢筋后，对钢筋保护层厚度进行修改，结构钢筋的位置同样会发生变化，故设计者要时刻注意，不要轻易修改混凝土保护层厚度。

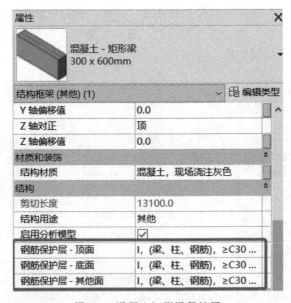

图 7-7　混凝土矩形梁保护层

7.1.3　创建结构钢筋族

自定义钢筋形状族采用的族样板为"钢筋形状样板-CHN"，CHN 代表中国定制的样板，如图 7-8（a）所示。此族样板默认处于三维界面，由两条空间的参照线控住钢筋形状与位置，进而绘制空间形状钢筋。单击"多平面"回到二维平面状态，如图 7-8（b）所示。在"钢筋形状参数"界面可以对绘制的钢筋参数进行设置，进而控制钢筋样式、钢筋直径、钢筋弯钩和钢筋长度参数等，如图 7-8（c）所示。

在绘制钢筋形状族的过程中，有以下几点需要注意：

(a)

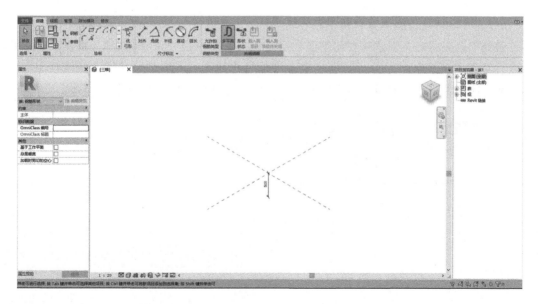

(b)

图 7-8

(c)

图 7-8 自定义钢筋形状界面

(1)"形状状态"选项是否处于点亮状态

若处于点亮状态,则意味着此钢筋族不可用,需要单击"形状状态",根据其提示错误进行修改,如图 7-9 所示。图(a)为未进行尺寸标注,需通过尺寸标注修改;图(b)为未对标注赋予参数,需通过赋予参数进行修改;图(c)为修改后无错误状态。

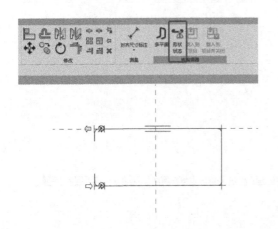

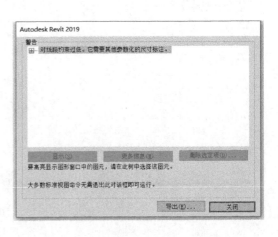

(a)

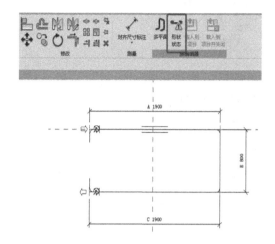

(b)

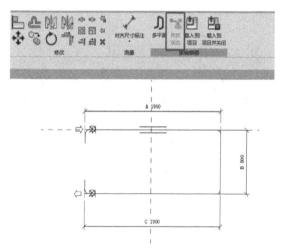

(c)

图 7-9　创建钢筋形状族

（2）"优弓形"钢筋所在钢筋形状的位置

"优弓形"所代表的含义为其所对应的钢筋段在导入项目中，该段钢筋不会根据参数的变化而变动位置，进而控制钢筋的精准安置。在钢筋形状族的绘制中可对其进行修改，如图 7-10（a）所示。单击"优 弓形"，再单击想变为不动的钢筋段，即可完成设置，如图 7-10（b）所示。

（3）设置"允许的钢筋类型"

在 Revit 钢筋样式族绘制完成时，可以对此钢筋设置其"允许的钢筋类型"，如图 7-11 所示，在其面板控制钢筋在导入项目使用时可选择的钢筋属性，将不会在项目中用到的钢筋属性取消勾选，则导入项目后，钢筋将不会出现此属性选项。

最终绘制好的钢筋形状可以以".rfa"的形式进行保存，以便在项目中导入使用。

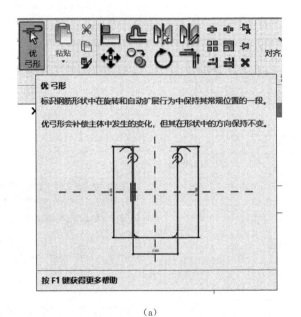

(a)

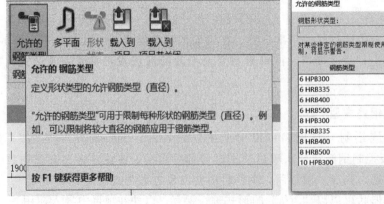

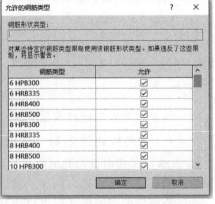

(b)

图 7-10　设置"优弓形"钢筋

图 7-11　设置钢筋可用属性

7.2　结构钢筋的绘制及查看

在 Revit 软件中，为了方便使用者操作，其结构钢筋系统设置了 4 种钢筋绘制的模式，分别为普通钢筋、区域钢筋、路径钢筋以及钢筋网片。其中使用最为广泛的为普通钢筋绘制，其绘制方法可以满足所有样式的钢筋，但当构件形状与钢筋排布较为简单时，可以利用区域钢筋或路径钢筋进行绘制，较为节省时间。钢筋网片一般用于作为保护层钢筋网，以满足实际项目需要。

7.2.1　普通结构钢筋的绘制

在绘制结构钢筋前，需要注意所创建的项目采用的项目样板是"建筑样板"还是"结构样板"。采用"建筑样板"创建的项目中是没有载入钢筋形状族的，需要人为手动载入，钢筋形状族默认存储路径为软件安装路径。

如果此族库缺失可能存在两种情况，第一种情况是族库在此计算机上被删除了，需要从网上重新下载或从其他计算机上拷贝（拷贝时注意对方软件版本）。第二种情况可能是低版本的 Revit 软件在打开高版本的 Revit 软件时出现错误，此时需要用更高版本的 Revit 软件将其打开，但文件升级时间较长，并有可能出现项目中构件信息变化等问题。

采用"结构样板"创建项目后，单击"结构"选项卡中的"钢筋"命令，随之会弹出如图 7-12(a) 的窗口提示，由于在绘制钢筋时会将钢筋属性重新设定，故此处单击"确定"进入钢筋绘制界面，如图 7-12(b) 所示。

下面以最简单的桥梁桩基础为例，通过 Revit 绘制结构钢筋，绘制前需要通过"属性"以及"钢筋形状浏览器"确定钢筋形状以及型号，也可通过"绘制钢筋"选项进行钢筋形状的确定。在同一项目中，绘制的钢筋形状会在之前 53 种钢筋形状的基础上，因此以"54"号钢筋命名存于"钢筋形状浏览器"中。

将桩基础导入 Revit 新项目中并安置构件，打开"南"立面视图，在桩基中部的位置绘制一个标高，命名为"桩基中部"。绘制此标高的目的在于，Revit 软件的配筋工作平面默认只能是可将所配筋构件剖切到的平面，如图 7-13（a），此标高将桩基础剖切开。

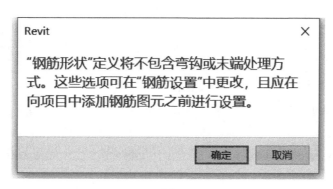

(a)

图 7-12

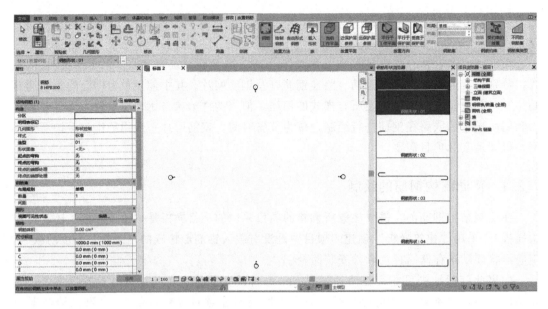

(b)

图 7-12　钢筋绘制界面

　　进入"桩基中部"平面，设置桩基础"混凝土保护层厚度"为顶面 100mm 厚，底面 100mm 厚，其他面 80mm 厚，如图 7-13(b) 所示；单击"钢筋"选项，选择第 53 种钢筋形状，在"属性"面板中调整选择"钢筋 12　HPB300"，复制重命名为"钢筋 12　HPB300　N3"；"分区"栏输入数字"1"；"顶部面层匝数"和"底部面层匝数"调整为 1，其默认"螺距"为 100mm，在此不作修改，如图 7-13(c) 所示。

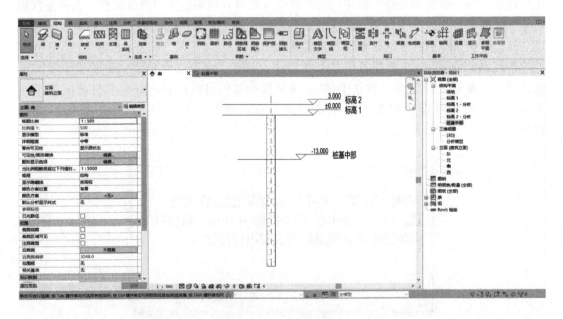

(a)

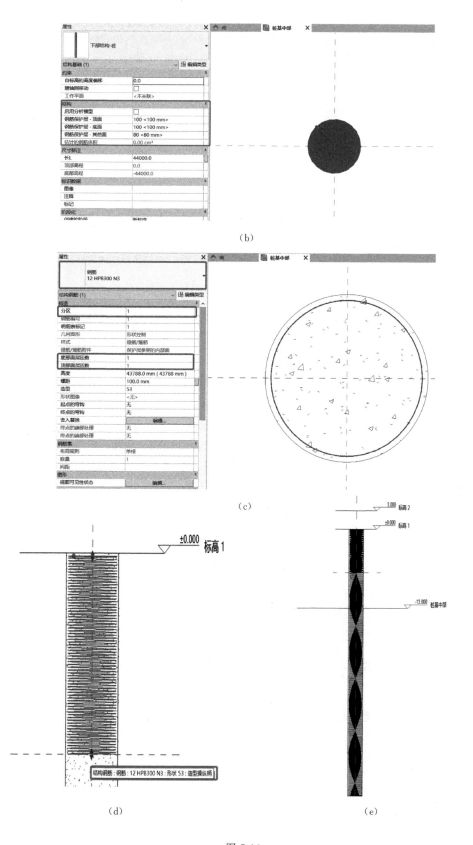

图 7-13

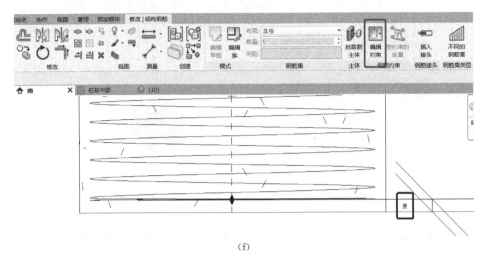

(f)

图 7-13　桩基础配置箍筋

调整视图到"南立面",通过钢筋的造型操作柄调整钢筋长度,将钢筋拉动到桩顶箍筋加密区[图 7-13(d)]。而后通过"复制"命令将桩顶部加密区的钢筋复制到桩下部,调整复制后的钢筋螺距为 150mm,"顶部面层匝数"调整为 0;拉动钢筋造型操作柄,使其布满整个桩基础;而后通过"编辑约束"命令修改钢筋位置信息,箍筋部分绘制完成。如图 7-13(e)、(f) 所示。

接下来配置桩基础的主筋,打开"桩基中部"视图,在桩基中心断面的位置创建一个剖面,其目的也是在工作平面内进行配筋;将创建的剖面重命名为"桩基纵断面",进入此剖面视图,单击"钢筋"选项,由于 Revit 中第 53 种钢筋形状并未存在所需形状,故需要对其形状进行绘制。选择其中的"绘制钢筋"选项,拾取此桩基础作为钢筋的主体,进入钢筋形状绘制界面,如图 7-14 所示。

绘制钢筋草图前,需要通过绘制参照平面来定位此钢筋形状位置。在此界面单击"参照平面"绘制钢筋具体位置定位线,而后根据所绘制参照定位线,通过"线"命令将所需钢筋形状绘制出来;在"属性"栏中调整此钢筋的直径等级为"钢筋 28　HRB400"并复

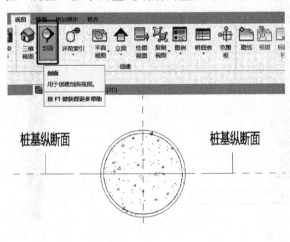

(a)

（b）

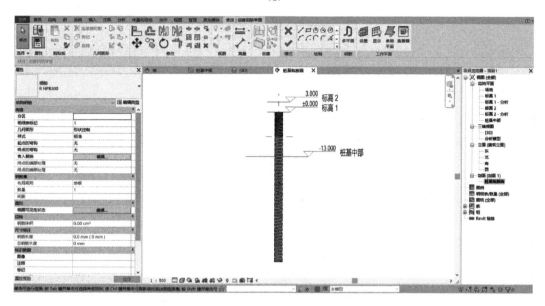

（c）

图 7-14　创建钢筋草图

制重命名为"钢筋 28　HRB400　N1"；调整此钢筋"分区"，将其设置为"2"，如图 7-15 所示。图 7-15（c）、（d）、（e）分别为桩顶部、桩中部、桩底部的钢筋图。

　　点击"桩基中部"视图，选中刚才绘制好的 N1 钢筋；单击"阵列"，将其修改为"按半径阵列"，将圆心拖拽到桩基中心点处，项目数设置为 54，选择移动到"最后一个"，最终完成绘制。但需要注意一点，绘制好的钢筋还在以"组"的形式存在于项目中，需要选中所有的"组"，单击工具栏的"解组"选项，如图 7-16 所示，最终解组后的钢筋会以真实带有参数的结构钢筋形式存在于项目中。

（a）

图 7-15

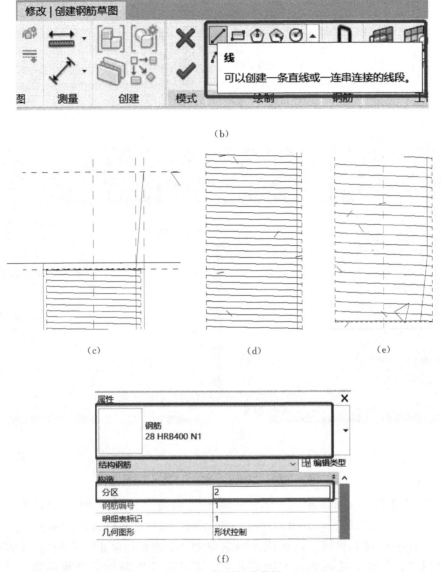

图 7-15　绘制钢筋草图

　　绘制加强钢筋 N2、N4 时,将螺旋筋 N3 在视图中临时隐藏,以方便在绘制中操作。进入"桩基中部"视图进行绘制,同样采用钢筋绘制的办法,注意绘制圆形加强筋 N2 时,需要把草图的线相互相交一部分,否则将无法生成此钢筋。在设置参数时,同样在"属性"面板中按之前的操作赋予钢筋参数,建立好的钢筋剖面图如图 7-17 所示。

　　配置好的钢筋在三维视图中只是在线框状态下是可见的,在其他视图情况下默认是不可见的,需要经过设置才可以在三维中查看钢筋实体模型。将配好钢筋的全部选中,在"属性"面板中编辑"视图可见性状态",打开"钢筋图元视图可见性状态"勾选"清晰的视图"以及"作为实体查看",如图 7-18 所示。将视图切换到三维,"详细程度"调整为"精细","视觉样式"调整为"着色",清晰的钢筋实体就会显示在绘图区域了。

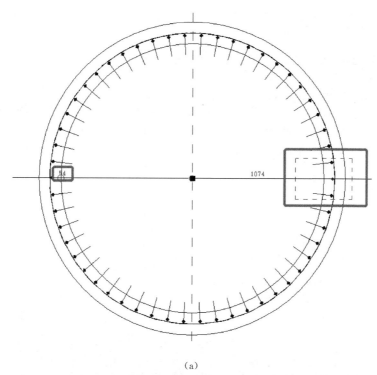

(a)

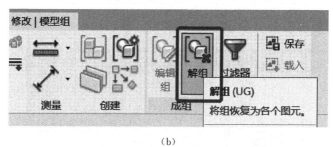

(b)

图 7-16　以"组"形式存在的钢筋

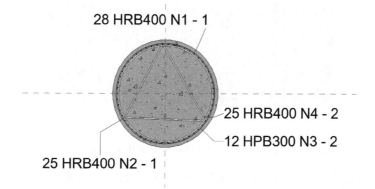

图 7-17　桩基配筋剖面

最后可以通过"分区"将不同种类的结构钢筋进行区分，单击视图选项卡中的"可见性/图形"选项，进入设置可见性视图；单击"过滤器"，选择"添加"，在新弹出的窗口

钢筋图元视图可见性状态　？　✕

在三维视图(详细程度为精细)中显示清晰钢筋图元和/或显示为实心。

单击列页眉以修改排序顺序。

视图类型	视图名称	清晰的视图	作为实体查看
三维视图	分析模型	☐	☐
三维视图	{3D}	☑	☑
剖面	桩基纵断面	☑	☐
立面	南	☐	☐
立面	东	☐	☐
立面	北	☐	☐
立面	西	☐	☐
结构平面	标高 1	☐	☐
结构平面	标高 2	☐	☐
结构平面	标高 2 - 分析	☐	☐
结构平面	标高 1 - 分析	☐	☐
结构平面	场地	☐	☐
结构平面	桩基中部	☐	☐

确定　取消

(a)

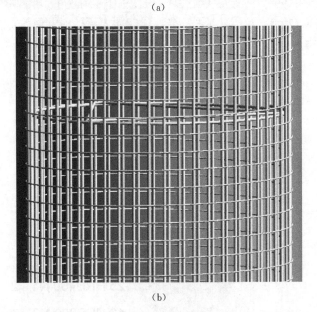

(b)

图 7-18　三维视图中展示实体钢筋

中单击"编辑/新建";在新的"过滤器"窗口中新建钢筋的过滤规则,为了方便查找,此处直接以结构钢筋的编号命名;选择过滤类别为"结构钢筋",并将之前定义的分区分别赋予新定义的过滤规则;最终将新的规则添加到设置可见性窗口中,如图 7-19所示。

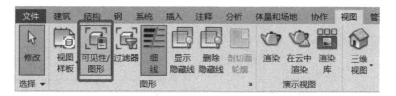

（a）

（b）

（c）

图 7-19

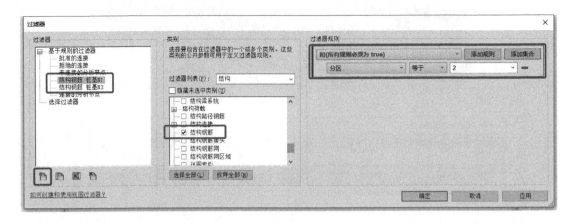

(d)

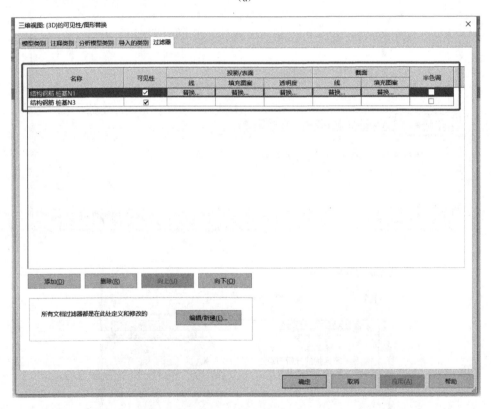

(e)

图 7-19　添加钢筋过滤器规则

通过修改新定义的过滤器参数，即可实现控制结构钢筋的视图性质。如图 7-20 所示。将桩基 N1 钢筋修改为红色，N3 钢筋修改为蓝色，可方便在视图中查看钢筋种类。

7.2.2　区域钢筋与路径钢筋的绘制

区域钢筋与路径钢筋的绘制较为简单，主要用于板状或面状的构件配筋，在桥梁工程中比较少用，本小节以结构楼板为例，演示结构区域钢筋和路径钢筋绘制方法。

在结构选项卡中，单击"楼板"，绘制一个 8m×10m 的结构楼板；由于此处演示为

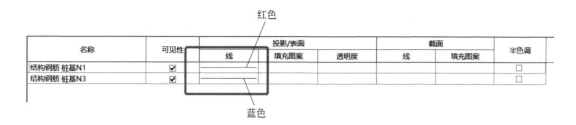

红色

名称	可见性	投影/表面			截面		半色调
		线	填充图案	透明度	线	填充图案	
结构钢筋 桩基N1	☑						☐
结构钢筋 桩基N3	☑						☐

蓝色

（a）

（b）

图 7-20　通过参数控制钢筋颜色

楼板配筋，故将"跨方向符号"删除；单击钢筋面板中"面积"选项，而后点击此楼板构件，进入钢筋边界编辑界面；通过矩形命令将楼板边界选中，并将出现的四个"小锁头"处于锁定状态，此锁定状态会将钢筋形状与构件形状进行关联，当构件尺寸发生变化时，此钢筋也随之变化；"属性"面板中给出了四种钢筋的位置以及型号，分别为顶部的主筋和分布筋以及底部的主筋和分布筋，可以在此处进行更改；单击"主筋方向"以定义主筋方向，通过拾取线或绘制线的方式可以定义主筋方向，最后单击"✔"生成区域钢筋，可在编辑钢筋"视图可见性状态"后在三维视图中进行查看。如图 7-21 所示。

需要注意的是由此法绘制的结构钢筋默认组成了一个"结构区域钢筋系统"，无法直接对其单根钢筋进行编辑；选中此结构钢筋系统，单击"删除区域系统"，此时即可对单根钢筋进行编辑，如图 7-22 所示。

（a）

图 7-21

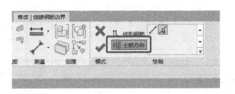

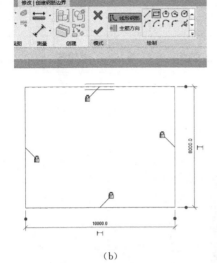

（b）

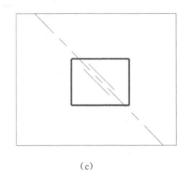

（c）

（d）

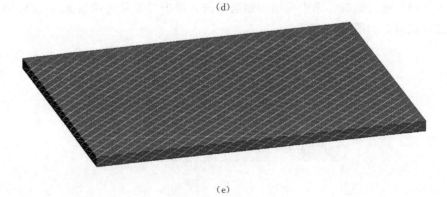

（e）

图 7-21　区域钢筋的绘制

图 7-22　编辑区域钢筋

路径钢筋与区域钢筋类似，不同的是此钢筋绘制是以所设定的路径进行配筋，并且路径中的钢筋具有相同的长度，且与所指定路径相垂直。此处同样以结构楼板为例，演示路径钢筋使用方法。

在结构选项卡中，单击"楼板"，绘制一个 8m×10m 的结构楼板，将"跨方向符号"删除；单击钢筋面板中"路径"选项，而后点击此楼板构件，进入钢筋边界编辑界面；通过"直线"命令绘制钢筋路径，注意不要将路径闭合，否则软件将无法分辨导致无法生成路径钢筋；在"属性"面板中可以对主筋以及分布筋的形状属性进行设置，最后单击"✔"生成路径钢筋，可在编辑钢筋"视图可见性状态"后在三维视图中进行查看。如图 7-23 所示。

（a）

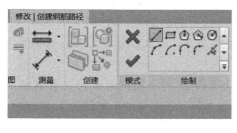

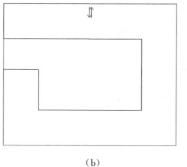

（b）

（c）

图 7-23

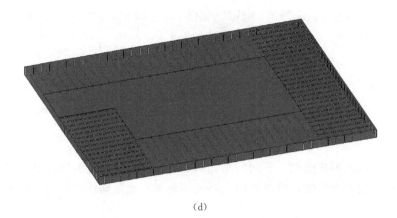

(d)

图 7-23　路径钢筋的绘制

7.2.3　钢筋网片的绘制

钢筋网片在桥梁工程中使用较为广泛，经常作为基础底板、承台底部的保护层钢筋网，其绘制过程同样较为简单，主要有两种方法。一种是单独绘制独立钢筋网片，通过"钢筋网片"命令，手动确定安放位置，当构件布筋面积比较小时使用方便；另一种是通过"钢筋网区域"，确定绘制区域后进行调整，当构件布筋面积较大时使用，节约配筋时间。本节继续以结构楼板为例，对其进行钢筋网片的绘制。

在结构选项卡中，单击"楼板"，绘制一个 8m×10m 的结构楼板，将"跨方向符号"删除；单击钢筋面板中"钢筋网区域"选项，而后点击此楼板构件，进入钢筋边界编辑界面；通过"矩形"命令绘制钢筋分布范围，将楼板边界选中，并将出现的四个"小锁头"处于锁定状态，此锁定状态会将钢筋形状与构件形状进行关联，当构件尺寸发生变化时，此钢筋也随之变化；在"属性"面板中可以对钢筋网片系统进行设置；单击"主筋方向"以定义主筋方向，通过拾取线或绘制线的方式可以定义主筋方向；最后单击"✔"生成区域钢筋网片，可在三维视图中进行查看，但现版本的 Revit 软件暂时无法将钢筋网片的实体形式在三维中显示。如图 7-24 所示。

通过 Revit 软件的结构样板所创建的项目默认自带 17 种钢筋网片，当这些钢筋网片型号尺寸无法满足要求时可以在"项目浏览器"的"族"中找到"钢筋网片"，双击其名称进入编辑，添加新型号的钢筋网片，如图 7-25 所示。

(a)

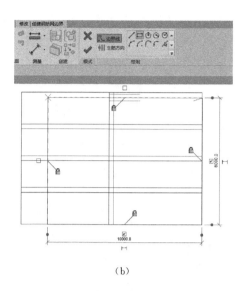

(b)

(c)

(d)

图 7-24　钢筋网片系统绘制

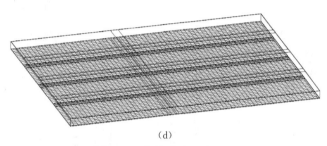

图 7-25　编辑钢筋网片属性

7.3　常见桥梁工程构件钢筋的建模

将 BIM 技术应用于桥梁工程中, 其中钢筋的作用必不可少。由于桥梁构件钢筋十分

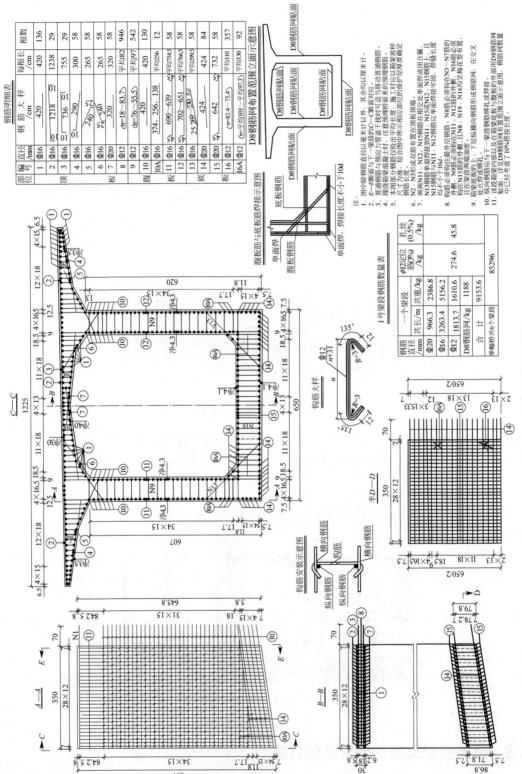

图 7-26 标准梁段钢筋图纸

复杂，通过二维平面展示很容易出现错误，而通过 Revit 软件对桥梁构件进行配筋则会避免此类错误。但目前通过 Revit 对桥梁工程配筋过程仍较为繁琐，此小节讲述几种桥梁常规构件的钢筋建模，供读者参考借鉴。

7.3.1　标准梁段钢筋建模

由于实际整合后的项目过大，配筋容易卡顿，此处以单独构件为例对其配筋。图纸见图 7-26。载入已经建立好的标准梁段族，建立相应剖面，准备配筋。

首先"按构件设置"标准梁块整体钢筋保护层厚度为 60mm，而后通过"选择面设置"梁块特殊面钢筋保护层厚度为 50mm；进入构件横断面剖面图，选择结构钢筋命令，单击 1 号形状钢筋，选择"当前工作平面"且"垂直于保护层"绘制，点选"受约束的放置"；在"属性"面板中将钢筋型号改为 16 HRB400 并重命名为"钢筋　16 HRB400　N1"，调整"分区"为"1"，"布局规则"调整为"固定数量"且数量为 67 根，尺寸设置 A 为 4200mm 长；最终将此 N1 主筋安放在顶板处，与钢筋保护层之间隔出分布筋的距离，如图 7-27(a) 所示。

在二维中绘制的钢筋展示并不直观，此时可以将视图切换到三维，将钢筋以三维展示并进行调整，而后依照此法绘制所有 N1 钢筋。

顶板主筋绘制完成后，对顶板分布筋 N2 进行绘制。与绘制主筋 N1 相似，进入构件横断面剖面图，选择结构钢筋命令，单击 5 号形状钢筋，选择"当前工作平面"且"平行于保护层"绘制，点选"受约束的放置"。在"属性"面板中将钢筋型号改为 16 HRB400 并重命名为"钢筋　16 HRB400　N2"；调整"分区"为"2"；通过"类型属性"设置"标准弯曲直径"以及"标准弯钩弯曲直径"为 20mm；单击"弯钩长度"，在"钢筋弯钩长度"面板将"标准-90 度"长度由"自动计算"修改为固定值"100mm"；"布局规则"调整为"固定数量"且"数量"为 29 根，"尺寸标注"A 为"12180mm"长；最终将此 N2 分布钢筋安放在顶板处，紧贴钢筋保护层。如图 7-28 所示。

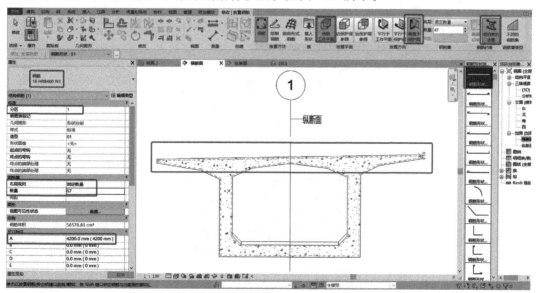

(a)

图 7-27

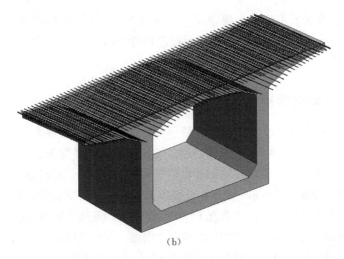

(b)

图 7-27　梁段顶板主筋

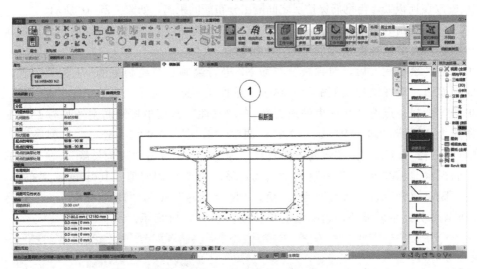

(a)

(b)

(c)

图 7-28　梁端顶板分布钢筋

顶板箍筋 N8 的绘制方法与前两种类似，但由于箍筋的数量较为巨大，排布也较为分散，因而绘制过程较为复杂。

进入构件横断面剖面图，选择结构钢筋命令，单击 3 号形状钢筋，选择"当前工作平面"且平行于保护层绘制，点选"受约束的放置"。在"属性"面板中将钢筋型号改为 12 HPB300 并重命名为"钢筋　12 HPB300　N8"；调整"分区"为"8"；通过"类型属性"设置"标准弯曲直径"以及"标准弯钩弯曲直径"为"30mm"；单击"弯钩长度"，在"钢筋弯钩长度"面板将 180°弯钩长度由"自动计算"修改为固定值"120mm"；"布局规则"调整为"固定数量"且数量为 16 根。

由于箍筋在绘制过程中长度不是固定值，需要在横断面剖面视图手动调整到合适位置，故此操作没有将"尺寸标注"中的 A 值进行具体赋值，没有赋值的 A 值将自动记录实际长度。如图 7-29 所示。

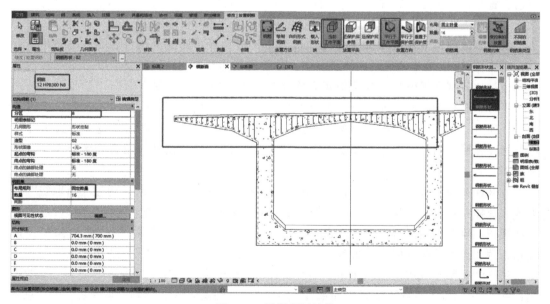

图 7-29　梁段顶板箍筋

最终绘制完成的标准梁段顶板布筋图如图 7-30 所示，本节绘制钢筋较为粗略，钢筋间距皆为按"固定数量"分布的估算值，没有精确各个钢筋间分布的间距，读者在绘制时可以尝试通过"间距数量"分布方法精确绘制钢筋，但此法较为费时，有兴趣的读者可以尝试。

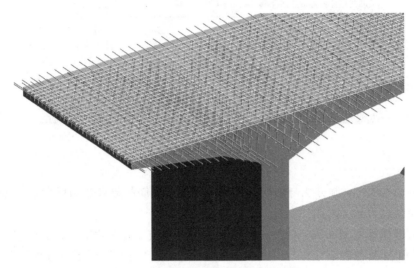

图 7-30　标准梁段顶板三维布筋图

桥梁标准梁段的配筋过程较为常规，其加腋部分、腹板部分以及底板部分的钢筋绘制方法与顶板类似，故本小节不做过多赘述，读者可作为课后作业进行尝试。

7.3.2　桥墩钢筋建模

桥墩结构钢筋绘制方法与箱梁块钢筋绘制方法相同，首先选定钢筋形状参数，而后将钢筋安置在合理位置，最后对比多个视图对绘制好的钢筋进行调整。故本节不对桥墩普通钢筋进行赘述，主要讲解桥墩劲性骨架的绘制。图纸见图 7-31。

目前多数项目中采用的桥墩劲性骨架为角钢或钢板，而此类构件在 Revit 中并不存在，需要在 Revit 族中建模后载入项目中，故首先创建参数化角钢以及钢板。

通过"公制常规模型"族样板建立族文件，打开前立面视图，单击"参照平面"命令，平行于原有参照平面再绘制两条参照平面；单击"模型线"，连接四条参照平面对角线，并通过"对齐"命令，将模型线端点与参照平面处于锁定状态；通过"对其尺寸标注"标注参照平面并对其赋予参数"角度 a""角度 b"，使此模型线角度受参数控制，如图 7-32(a) 所示。

打开族类型面板，将"角度 b"赋值为 0；单击"创建实心放样"，通过"拾取线"的方式将放样路径定义为此模型线，单击"✔"完成路径定义；单击"选择轮廓"，进入左立面视图，绘制角钢截面，并标注截面尺寸，同时，赋予参数"长 a""长 b""厚度"，使此角钢截面尺寸受参数控制，如图 7-32(b)、(c) 所示。

最终单击两次"✔"完成放样构件，将构件材质赋予为"钢"，检查此构件是否受参数控制；单击"族类别与族参数"，将此角钢族类别选择为"结构加强板"，将"族参数"的"总是垂直"取消勾选，完成角钢族绘制并另存为"角钢（角度）"，如图 7-32(c)、(d) 所示。

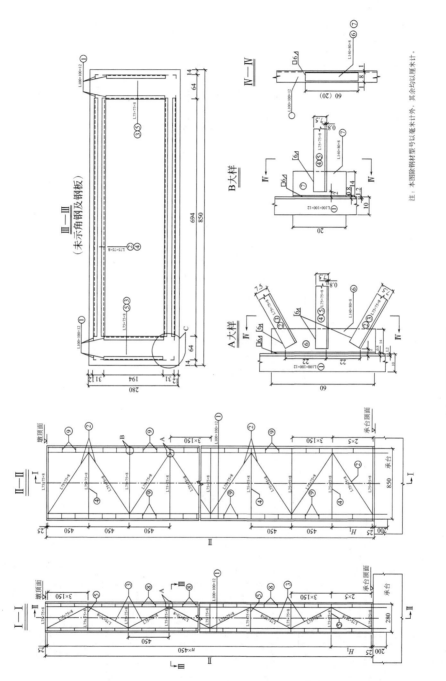

（a）桥墩钢筋图图纸①

图 7-31

C大样

钢板与角钢的连接示意

钢板与角钢的连接示意

主桥墩身劲性骨架数量表（二）

位置	参数/cm	序号	型钢规格	单肢长/cm	根数	单位重/kg	单位重(每延米)/kg	共重/kg	钢筋合计/kg
右幅 7号墩	H=9000	1	L100×100×12	9200.0	16	1472.00	17.898	26345.9	型钢 42343.8
		2	L75×75×8	799.2	76	607.40	9.03		
	H₁=850	3	L75×75×8	447.6	76	340.16			钢板 1885.3
		4	L75×75×8	688.4	76	523.18	9.03	14573.8	
		5	L75×75×8	188.4	76	143.18			
		6	L140×90×8	60.0	72	43.20	14.16	815.6	
	n=19	7	L140×90×8	20.0	72	14.40	18.1	548.9	
		8	□320×300×30		304			1336.4	
	b=2.8	9	□560×300×30	836.4	304		44.0		
		10	L75×75×8		4	33.46	9.03	608.5	
		11	L75×75×8	848.3	4	33.93			

主桥墩身劲性骨架数量表（一）

位置	参数/cm	序号	型钢规格	单肢长/mm	根数	尖长/cm	单位重(每延米)/kg	共重/kg	钢筋合计/kg
左幅 4号墩	H=4600	1	L100×100×12	4800.0	16	768.00	17.898	13745.7	型钢 22186.8
		2	L75×75×8	799.2	40	319.68	9.03	7670.4	钢板 992.2
	H₁=500	3	L75×75×8	447.6	40	179.03			
		4	L75×75×8	688.4	40	275.36			
		5	L75×75×8	188.4	40	75.36			
		6	L140×90×8	60.0	36	21.60	14.16	407.8	
	n=10	7	L140×90×8	20.0	36	7.20	18.1	288.9	
		8	□35400×600×30		160		44.0	703.4	
	b=2.8	9			160				
		10	L75×75×8	492.4	4	19.70	9.03	362.9	
		11	L75×75×8	512.3	4	20.49			
右幅 5号墩	H=5000	1	L100×100×12	5200.0	16	832.00	17.898	14891.1	型钢 24110.4
		2	L75×75×8	799.2	44	351.65	9.03	8437.4	钢板 1091.5
	H₁=450	3	L75×75×8	447.6	44	196.94			
		4	L75×75×8	688.4	44	302.90			
		5	L75×75×8	188.4	44	82.90			
		6	L140×90×8	60.0	40	24.00	14.16	453.1	
	n=11	7	L140×90×8	20.0	40	8.00	18.1	317.8	
		8	□35400×600×30		176		44.0	773.7	
	b=2.8	9			176				
		10	L75×75×8	444.1	4	17.76	9.03	328.7	
		11	L75×75×8	466.0	4	18.64			
左幅 5号墩	H=13100	1	L100×100×12	13300.0	16	2128.00	17.898	38066.9	型钢 123857.2
		2	L75×75×8	799.2	116	927.08	9.03	22244.2	钢板 5755.0
	H₁=450	3	L75×75×8	447.6	116	519.20			
		4	L75×75×8	688.4	116	798.54			
		5	L75×75×8	188.4	116	218.54			
		6	L140×90×8	60.0	112	67.20	14.16	1268.7	
	n=29	7	L140×90×8	20.0	112	22.40	18.1	837.8	
		8	□35400×600×30		464		44.0	2039.7	
	b=2.8	9			464				
		10	L75×75×8	444.1	4	17.76	9.03	328.7	
		11	L75×75×8	466.0	4	18.64			
左幅 6号墩	H=8000	1	L100×100×12	8200.0	16	1312.00	17.898	23482.2	型钢 37784.5
		2	L75×75×8	799.2	68	543.46	9.03	13039.7	钢板 1686.8
	H₁=750	3	L75×75×8	447.6	68	304.36			
		4	L75×75×8	688.4	68	468.11			
		5	L75×75×8	188.4	68	128.11			
		6	L140×90×8	60.0	64	38.40	14.16	725.0	
	n=17	7	L140×90×8	20.0	64	12.80	18.1	491.1	
		8	□35400×600×30		272		44.0	1195.7	
	b=2.8	9			272				
		10	L75×75×8	737.6	4	29.50	9.03	537.7	
		11	L75×75×8	751.0	4	30.04			

注：1. 本图除钢材型号以毫米计外，其余均以厘米计。
2. N7号角钢通长不计。
3. N6、N7号角钢标准尺寸为L140mm×90mm×8mm。施工时需切割剩余1cm长度，角钢尺寸变为L140mm×80mm×8mm，使其与L140mm×100mm×100mm角钢四面围焊，其长度：连接单根L75mm×75mm×8mm腹杆时长75mm，连接3根腹杆时长60cm。
4. 墩身四角四根通长L100mm×100mm×12mm角钢此处采用N8、N9号钢板连接。竖向隔断150mm环绕角钢设置一道，并要与角钢接规范要求执行。
5. 劲性骨架的作用仅为施工过程中固定钢筋，增加桥墩整体在风荷载作用下的稳定。桥墩浇筑双侧模板及其他构件零施工荷载不得使用劲性骨架承担，同时要求施工过程中劲性骨架的自由段长度不得大于8m。

(b) 桥墩钢筋图纸②

图 7-31　桥墩钢筋图纸

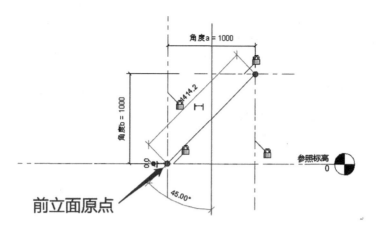

（a）

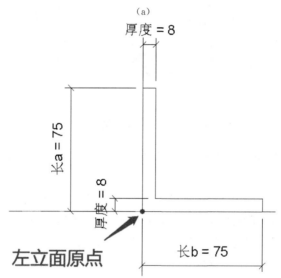

（b）

（c）

图 7-32

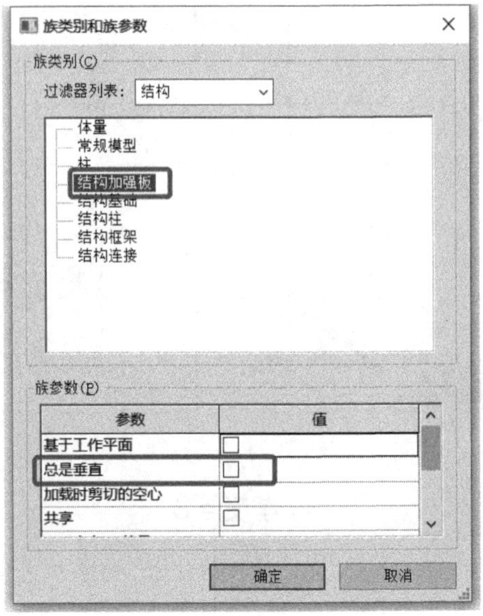

（d）

图 7-32   角钢参数化建模

以重力式矩形桥墩为例，将绘制好的角钢模型载入到桥墩项目中，桥墩如图 7-33 所示。

打开桥墩平面视图，单击"放置构件"，找到载入好的角钢构件，通过编辑类型复制出几种所需尺寸的角钢及钢板，角钢的型号分别为"∟100×100×12""∟75×75×8"以及"∟140×90×8"，"∟"代表角钢，三个数字分别是角钢所对应的两个边长以及一个厚度；钢板的型号为"Q235A 钢板 230×100×10""Q235A 钢板 560×100×10"；"Q235A"代表钢板的型号，"230×100×10"三个数字分别代表钢板的长宽厚。需要注意的是，角钢用量所需的长度虽然会在钢筋数量表中有所体现，但由于本例角钢族的长度定义是由两个正交方向的长度共同控制，故具体数值还需在绘制时修改。

首先对此桥墩的一边进行劲性骨架绘制，另一边可以通过"复制"命令直接完成；通过"放置构件"命令，按照设计要求将各个角钢及钢板绘制完成到位，如图 7-34 所示。

平面钢板及角钢布置结束后，调整到桥墩前立面视图以及左立面视图，对桥墩劲性骨架进行进一步细部尺寸调整，并首先绘制出前两层骨架，如图 7-35 所示。最终桥墩劲性骨架三维展示图如图 7-36 所示。

图 7-33   重力式矩形桥墩

通过"阵列"以及"复制"命令将绘制好的前两层骨架布满整个桥墩，最终全选整个配置好的劲性骨架，通过"碰撞检查"功能对其进行模拟碰撞，检测是否存在配置问题，如图 7-37 所示。

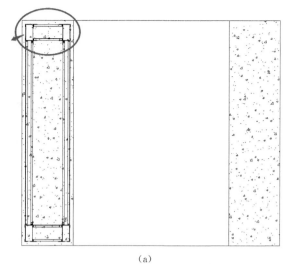

(a)

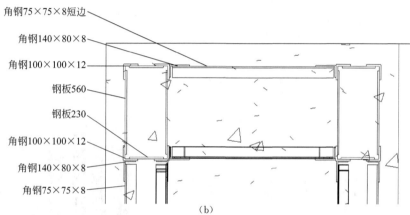

角钢75×75×8短边

角钢140×80×8

角钢100×100×12

钢板560

钢板230

角钢100×100×12

角钢140×80×8

角钢75×75×8

(b)

图 7-34　钢板及角钢平面布置图

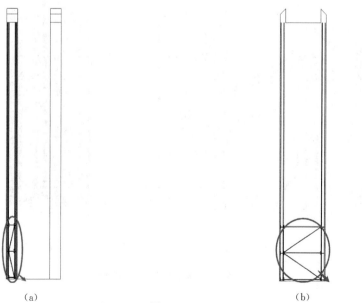

（a）　　　　　　　　　　　　　　　（b）

图 7-35

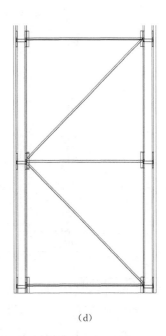

（c）   （d）

图 7-35   钢板及角钢立面布置图

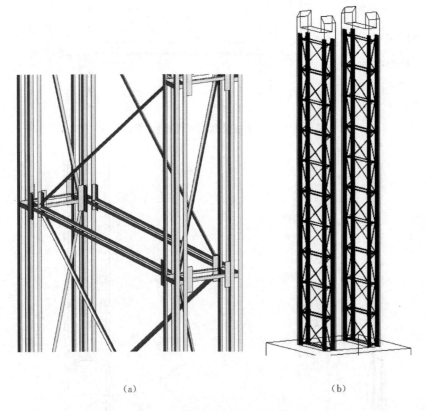

（a）   （b）

图 7-36   桥墩劲性骨架三维展示图

(a)

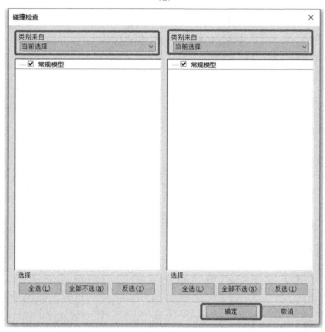

(b)

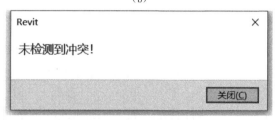

(c)

图 7-37　劲性骨架碰撞检查

实际建模时使用 Revit 自带的"碰撞检查"功能情况较少，主要由于 Revit 软件在建模过程中就已占用较大内存，继续通过此软件进行碰撞检查容易出现卡机等现象。通常的做法是在建模完成后，将"rvt"格式的项目文件导出为"nwc"格式文件，通过 Navisworks 软件的"Clash Detective"功能进行碰撞模拟，此方法在本书第 8 章会重点介绍，此处不再赘述。

7.3.3　承台钢筋建模

承台自身构造大都十分简单，可以使用"钢筋"命令进行配筋；但因其结构简单，故钢筋建模也十分方便，同样也可以借助插件进行配筋。本小节以"速博-Extensions"插件功能演示对承台进行钢筋建模。本节以图 7-38 为例。

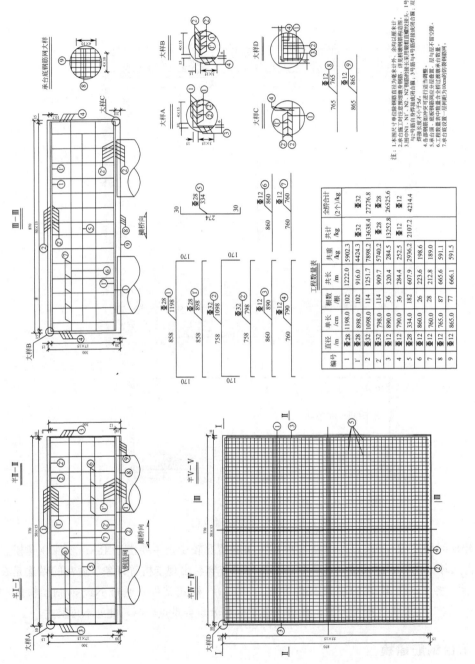

图 7-38 承台钢筋图纸

　　使用"速博"插件比较多的就是配筋功能，能提高钢筋生成的效率，但也有误区，有些细节节点的处理，需要通过 Revit 自带配筋和"速博"插件配筋配合使用，这样才能更好地表现出钢筋的状态。在"标高 2"视图创建承台，通过"剖面"功能创建"顺桥向"和"横桥向"两个剖面视图，以便插件配筋之后对其进行手动配筋。如图 7-39（a）所示。

　　值得注意的是，在使用"速博"插件配筋前，必须将构件设置为插件所识别的形状，为使此构件被"速博"插件识别，必须将承台底部的桩基础也绘制出来，如图 7-39（b）所示。

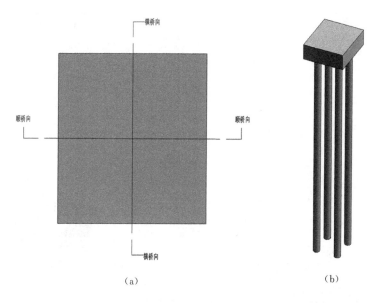

(a)　　　　　　　　　　　　　　(b)

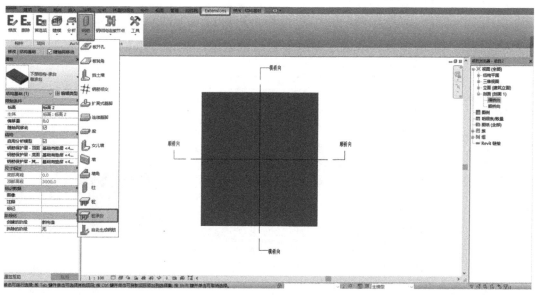

(c)

图 7-39

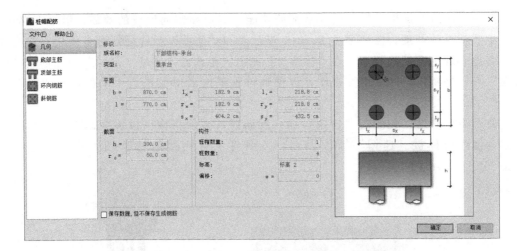

(d)

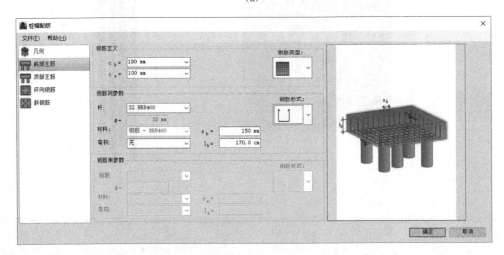

(e)

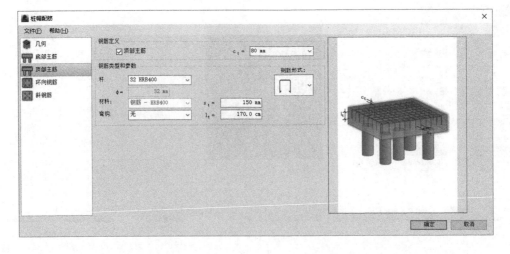

(f)

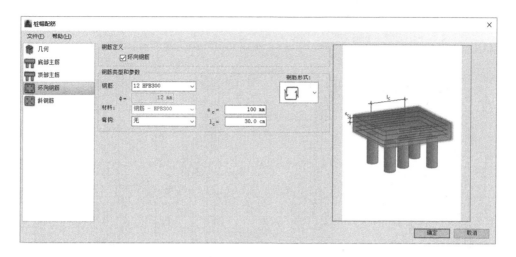

（g）

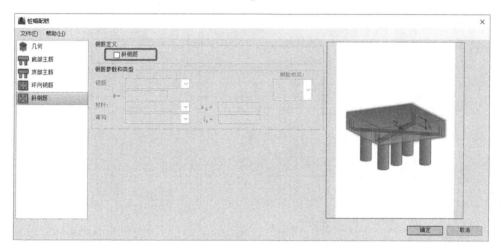

（h）

（i）

图 7-39　速博插件绘制钢筋

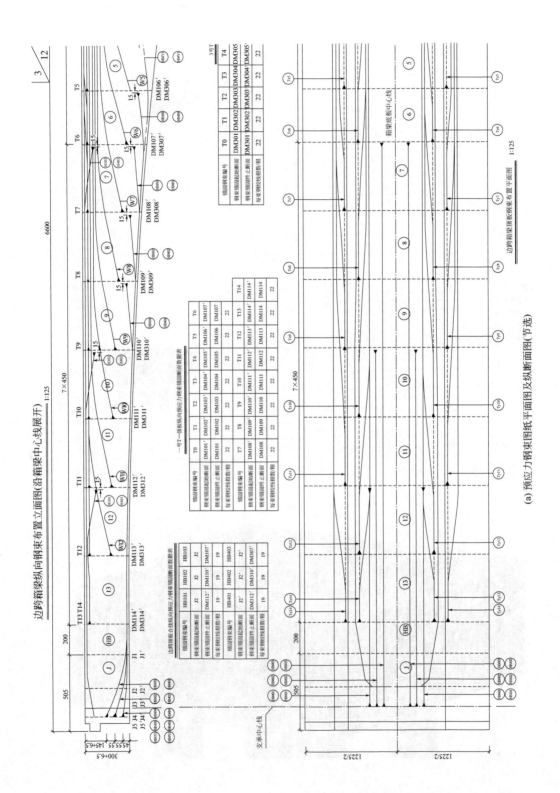

(a) 预应力钢束图纸平面图及纵断面图(节选)

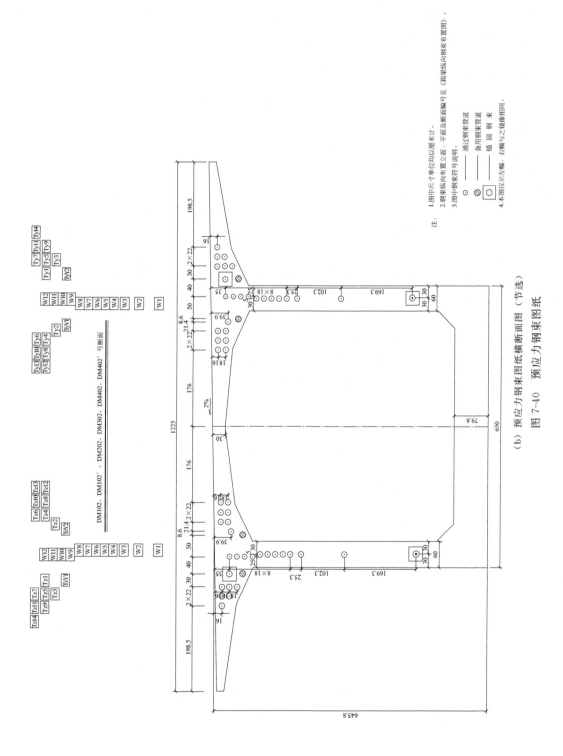

（b）预应力钢束图纸横断面图（节选）

图 7-40　预应力钢束图纸

按图 7-39(d)～(h) 设置好所需钢筋属性，由于本承台不需要斜钢筋，最后"斜钢筋"选项无需勾选。单击"确定"生成承台钢筋，如图 7-39(i) 所示。

在"速博"插件绘制钢筋模型的基础上，再利用"钢筋"功能绘制其结构钢筋将会大大节约时间，提高建模效率。由于之后工作量与前几节绘制方法相同，本节不做过多赘述，读者可自行完善此承台钢筋建模。

7.3.4 桥梁预应力钢束建模

预应力钢束是桥梁工程中独有的结构构件，其作用方式是以预先的张力抵消桥梁中产生的弯矩作用。设计时的钢束管道走向十分复杂，包括空间中的平弯与竖弯，设计过程中设计师需要具有很强的空间想象力，进而对整个桥梁中的预应力管道设计整合在施工图中。由于 Revit 软件在桥梁工程中的使用还处于初期，对应桥梁工程中的预应力钢束的参数化建模还不成熟，故本实例对桥梁预应力钢束的建模采用自适应模型建模的方式创建，此建模方法虽不能创建出具有预应力钢筋属性的实体钢筋，但可以以普通钢筋模拟预应力钢束，对预应力钢束进行空间展示，使设计过程更加直观。以图 7-40 所示预应力钢束为例介绍建模过程。

图 7-41 为混凝土箱梁预应力钢束绘制过程，首先通过创建模型线对各个横断面剖面图绘制预应力孔道位置，如图 7-41(a)、(b) 所示。而后在自适应族中创建连线的自适应点，此时需要注意，创建自适应族中"自适应点的数量"应与实际钢束通过"控制截面的数量"相同，否则将无法绘制出正确的标准模型。如图 7-41(c) 所示，图中 W0 号钢束通过 3 个控制截面，则与之对应的自适应点的数量也是 3 个。

如图 7-42 所示，通过"自适应公制常规模型"族样板创建预应力钢筋"W0"族文件，

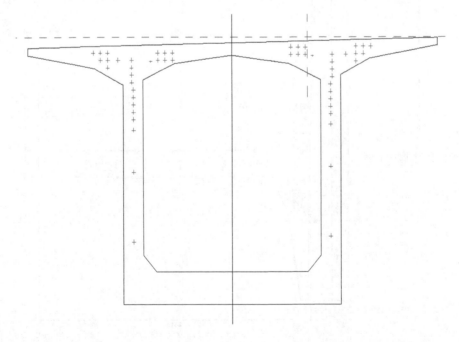

(a)

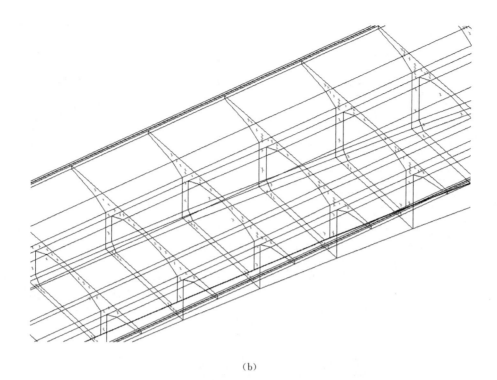

(b)

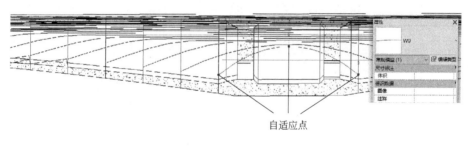

自适应点

(c)

图 7-41　混凝土箱梁预应力钢束

进入界面后通过"点"命令创建三个"参照点";选中三个"参照点",单击"使自适应",使其变为"自适应点";单击"通过点的样条曲线",使此三个点被同一曲线相连。

"自适应点"具有三个可绘制图形的平面,在垂直于样条曲线走向的平面上通过"圆形"命令绘制一个半径为 60.8mm(22 根 1×7-15.2mm 外径的钢绞线)的圆形;选中所有图元,单击"创建形状"命令,最终绘制出"W0"预应力钢束,其他预应力钢束以此法绘制。最终载入到连续梁项目文件中,将所有空间点相连创建预应力钢束模型(图 7-42)。

值得一提的是在 Revit 软件中绘制预应力钢束模型的方法有很多,例如通过 Dynamo 插件进行函数编辑以及通过 CAD 模型导入三维曲线,倘若采用此两种方法绘制出精确的模型,则必须在计算函数或绘制三维模型线的过程中考虑桥梁纵坡,所做工作量较大。而本例中采用控制截面的方法所绘制的模型,在绘制点的过程中就已经考虑到纵坡要求,所绘制结果是最为精确的。

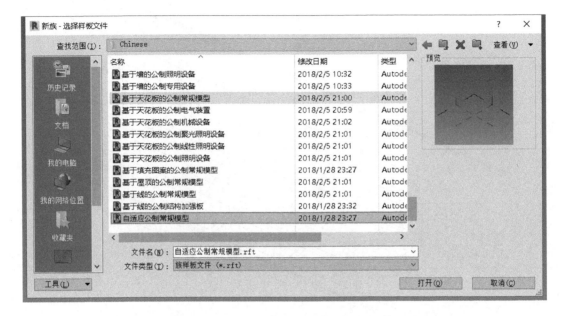

(a)

(b)

(c)

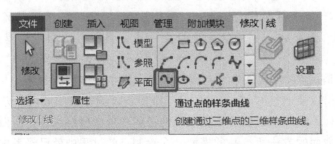

(d)

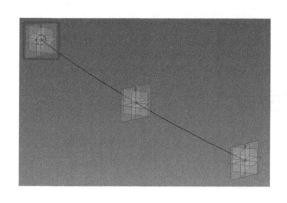

（e）

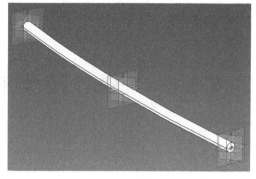

（f）

图 7-42　自适应预应力钢束族

思考题:

1. 结构施工图设计模型信息和属性信息分别包括哪些信息?

2. 试举出结构施工图设计模型包含的模型内容?

3. 结合 BIM 技术,应用建筑参数化设计可以完成哪些任务?

留下你的答案吧

| 第 8 章 | BIM 技术在桥梁工程上的其他应用

8.1 基于 Revit 软件的工程量统计

工程经济性评价是工程项目中极其重要的过程，工程量统计功能可以更直观地提前估计桥梁成本，同时为方案制订提供真实可靠的依据，在未来施工阶段为桥梁施工图预算数据提供数据支撑。基于 BIM 技术的工程量统计是建立在模型信息完成的基础上，区别于传统意义上工程量统计。

Revit 会以建模过程中输入的参数为基础计算出该箱梁实际尺寸以及钢筋长度，进而得出所需的混凝土体积以及钢筋重量。本小节以箱梁段为例，演示 Revit 生成明细表。

如图 8-1 所示，单击"视图"选项卡中的"明细表"选项，在弹出的界面过滤器列表中选择"结构"，选中"结构钢筋"后单击"确定"；调整"明细表属性"，将"族与类型""钢筋长度""钢筋直径""钢筋体积"以及"材质"添加至明细表字段，单击确定生成明细表。

生成的钢筋明细表还可在"属性"面板中进行修改，可按照"字段""过滤器""排序/成组""格式"和"外观"五种形式进行调整。读者可自行尝试修改。

(a)

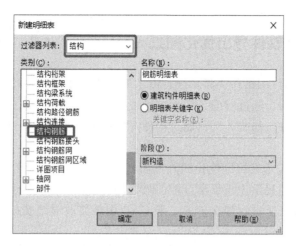

(b)

(c)

(d)

图 8-1　桥梁钢筋工程量统计表

8.2 基于 Revit 软件导出优化图纸

现阶段传统的 CAD 图纸作为桥梁设计时主要的表达工具，在绘制过程中最大的一个麻烦就是只能分别绘制，通过对同一构件三维视图形状的绘制，表达出对此构件的精确描述。但倘若设计需要进行修改，则只能对构件对应的不同视角的图纸进行修改，有时甚至需要重新进行绘制。

与之相比，BIM 技术在协同优化图纸方面具有巨大优势。基于 Revit 的图纸功能可以根据项目中的各个协同视角进行导出，即使最终的构件需要修改，各个已经生成的图纸信息也会时时更新，省去了设计师在传统二维 CAD 图纸修改时浪费的时间与精力，实现协同建模。

本节以标准梁段为例，创建 A3 图纸展示其细部尺寸；通过"视图"选项卡中"创建"下的"图纸"命令新建一个 A3 图纸，如果默认情况没有 A3 图纸，则需在 Revit 自带的族库中载入；创建好的 A3 图纸如图 8-2 所示。

(a)

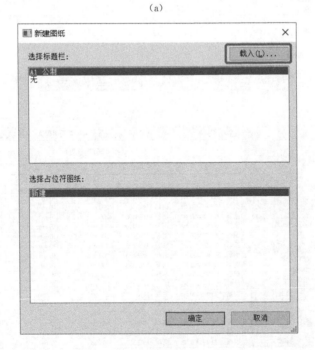

(b)

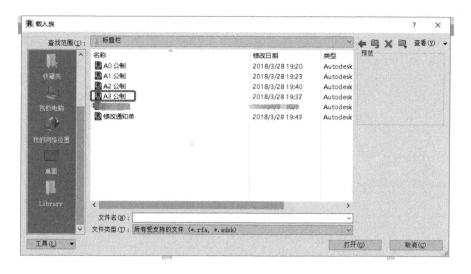

(c)

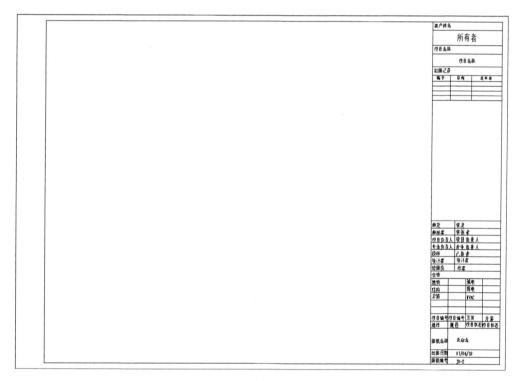

(d)

图 8-2　创建 Revit 图纸

　　创建的 Revit 图纸可以通过族编辑修改其布局以及参数，双击此图纸进入族编辑模式，将其原有布局全部删除；通过"创建"选项卡中的"线""文字""标签"等命令创建如图所示的 A3 图纸，"文字"与"标签"的区别在于"文字"创建的信息无法在项目中编辑，起到预先定位的作用，而"标签"创建的是一个可在项目中编辑的信息，通过输入有效信息可对其修改；将其载入到项目中，将"项目浏览器"中的剖面拖拽到图纸中，并通过鼠标右键"激活视图"命令修改图中布局；将图纸中涉及的参数信息分别进行编辑，最终创建的 A3 图纸如图 8-3 所示。

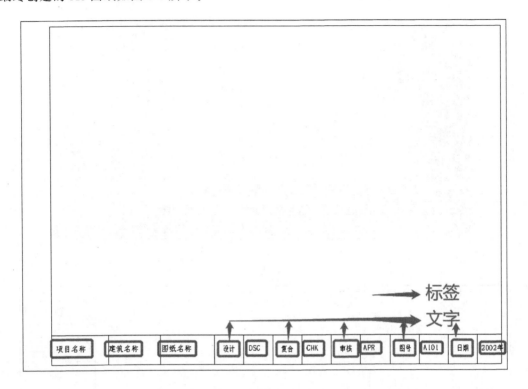

(a)

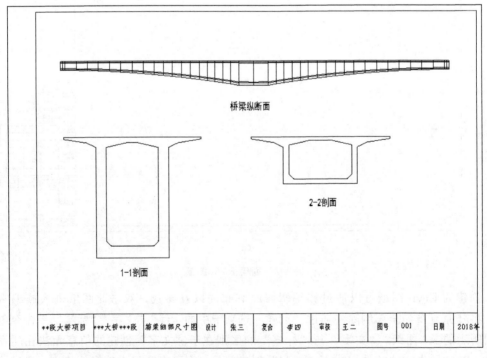

(b)

图 8-3　修改 Revit 图纸

8.3　基于 Navisworks 软件的碰撞检查分析

在 CAD 二维图纸时代，不同专业之间由于工作局限性，协同工作是十分困难的，而这就导致基于二维图纸的合作过程往往会出现各种冲突，从而经常导致设计或施工过程中才发现，进而不得不修改方案。碰撞检查作为 BIM 技术的重要功能，贯穿于协同设计的全过程，可以有效地解决项目各专业之间的矛盾问题。

以 Navisworks 软件为例，它是在三维操作模式下将整个项目中涉及的各个专业整合到一个信息模型中的 BIM 技术工作平台。通过其碰撞检查功能，计算模型不仅可以将模型中如不同钢筋之间或梁、柱等构件之间等相同专业构件中可能存在的冲突检查出来，而且通过不同模块模型信息的导入，模型碰撞检查还可以检测专业之间的冲突，如桥梁工程中钢束和波纹管之间的冲突、市政工程中各种管道之间的冲突等。同时，检测到的冲突部分将在三维模型中突出显示，方便设计人员在模型中找出可能存在问题的地方，进而及时调整，有效解决了传统二维 CAD 图纸中难以发现的潜在问题，减少项目施工中的损失。

当计算机同时安装 Revit 和 Navisworks 软件时，可通过附加模块中的"外部工具"进行导出，同样也可通过文件菜单中"导出"命令进行导出，导出格式为"nwc"。

导出时可进行设置，分为整个项目和当前视图导出两种，由于项目文件一般较大，故大都采用当前视图导出的方式，如图 8-4 所示。

(a)

(b)

图 8-4

(c)

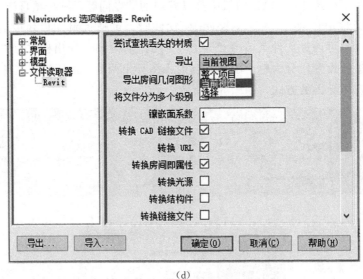

(d)

图 8-4　导出 Navisworks 文件

　　Navisworks 文件一般有三种，分别为"nwc""nwf""nwd""nwc"是 Navisworks 缓存文件，由 Navisworks 自动生成，不可以直接修改。"nwf"是 Navisworks 工作文件，保持与"nwc"文件间的链接关系，且将工作中的测量、审阅、视点等数据一同保存，由于只保存工作步骤数据，一般文件较小。"nwd"是 Navisworks 数据文件，所有模型数据、过程审阅数据、视点数据等均整合在单一"nwd"文件中，绝大多数情况下在项目发布或过程存档阶段使用该格式。

　　单击"Clash Detective"，进入碰撞模拟界面；单击"添加检测"新建一碰撞项目，将"选择 A"与"选择 B"中目标碰撞文件选中，其他设置为默认，单击"运行检测"进入查看碰撞结果；碰撞结果会在三维视图中高亮显示，并生成碰撞检测报告，单击"报告"面板，调整生成报告的格式为"HTML"格式，单击"写报告"，最终生成的报告如图 8-5 所示。

(a)

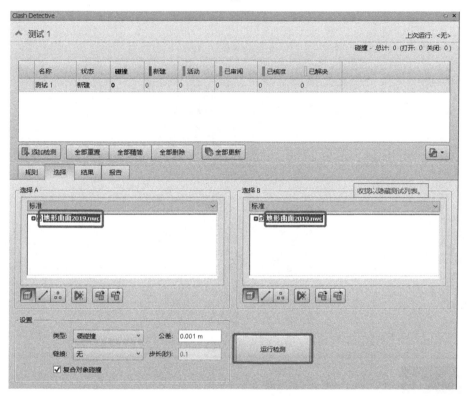

(b)

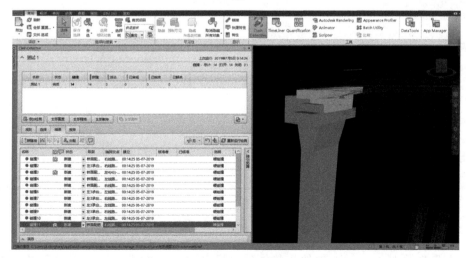

(c)

图 8-5

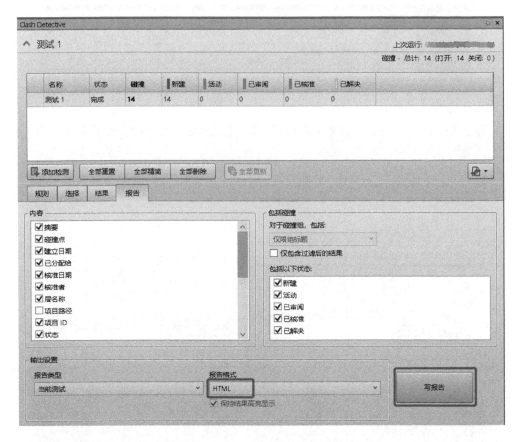

(d)

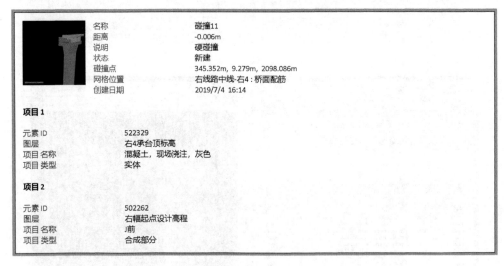

(e)

图 8-5 Clash Detective 功能展示

本小节演示 Navisworks 软件将整体项目模型进行碰撞模拟，对于模型较大项目，同样可以将其更加细化分类导入，进而分构件对其碰撞模拟，感兴趣的读者可自行尝试。

8.4　基于 Navisworks 软件的施工模拟

在实际项目案例中，桥梁的施工过程是十分复杂的。现阶段实际桥梁工程项目管理过程中使用施工进度表来表示计划施工时间是十分常见的，但也存在着较大的局限性，即面对较为复杂的施工项目，此进度管理方法无法达到精细控制施工进度以及无法可视化。

通过 BIM 技术可将三维实体与施工时间进度相链接，建立一个空间与时间或费用相结合的 4D 或 5D 模型，该模型可实现实际工程施工全过程。利用 Navisworks 软件的"TimeLiner"功能可以实现这一功能。

首先将导入的项目文件按其构件类型创建"集合"，三维状态中将构件选中，在"集合"面板中创建此集合；通过"集合"功能可以将全部相同属性构件通过同一"集合"整合起来，方便施工模拟的操作，如图 8-6 所示。

单击"TimeLiner"进入施工模拟界面；单击"添加任务"创建新施工任务，将新任务重命名为与"集合"相同的名字；通过"附着"命令将各个施工任务与"集合"对应，也可使用"规则附着"将相同名称的任务附着；在"TimeLiner"将各个施工过程的"计划开始""计划结束""实际开始""实际结束""任务类型"完成设置。界面右侧显示的为施工作业时间图，如图 8-7 所示。

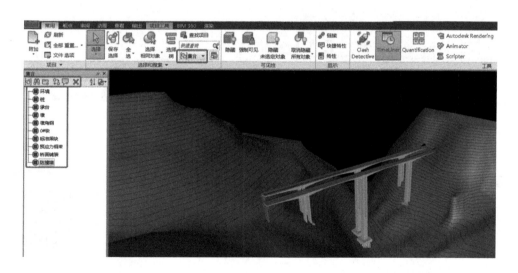

图 8-6　"集合"定义

除此之外，通过将"TimeLiner"功能与"Animator"以及"视点动画"功能相结合，可以实现更加精细的施工模拟全过程动画。大到整体的施工结构框架以及费用的实时使用情况，小到每个构件的安装实施过程，都可以通过此三个功能的交互使用而实现。同时该动画的渲染导出也十分方便，并提供了多种导出方式供使用者选择。

因上述操作较为繁琐，故本节只描述了"Timeliner"的操作部分。

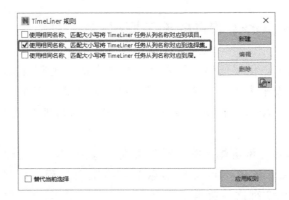

(a)

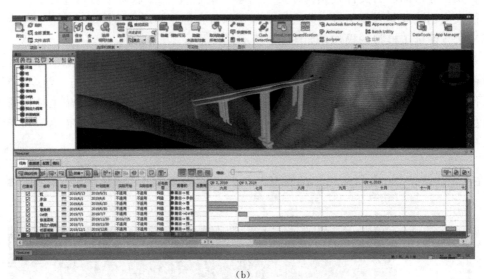

(b)

图 8-7 TimeLiner 功能展示

思考题：

1. 如何用 Revit 统计工程量更简单？

2. Revit 怎么导出 CAD 格式图纸？

3. 碰撞检测用什么软件？你会用 Navisworks 做碰撞检测吗？

留下你的答案吧

参 考 文 献

[1] 俞洪良，毛义华． 工程项目管理 [M]．浙江：浙江大学出版社，2014．

[2] 何铭新，李怀健，张斌等． 土木工程制图 [M]．武汉：武汉理工大学出版社，2015．

[3] 鲁丽华．BIM 技术及应用 [M]．北京：中国建筑工业出版社，2018．

[4] 中华人民共和国住房和城乡建设部．中华人民共和国住房和城乡建设部等部门关于加快新型建筑工业化发展的
     若干意见 [EB]．2020．

[5] 中国青年网．建筑工业化应用工程师：为"中国建造"保驾护航! [EB]．2021．

[6] 中华人民共和国住房和城乡建设部．住房和城乡建设部关于发布国家标准《建筑信息模型应用统一标准》的公
     告 [EB]．2017．

[7] 中华人民共和国住房和城乡建设部．住房城乡建设部关于发布国家标准《建筑信息模型施工应用标准》的公告
     [EB]．2017．

[8] 中华人民共和国住房和城乡建设部．住房城乡建设部关于发布国家标准《工业化建筑评价标准》的公告
     [EB]．2015．

[9] Autodesk 官网．基础设施工程 [EB]．2021．

[10] Autodesk 官网．Revit 新特性 [EB]．2021．

[11] Autodesk 官网．Revit 产品概述与特性 [EB]．2013．

[12] 中华人民共和国住房和城乡建设部．住房城乡建设部等部门关于推动智能建造与建筑工业化协同发展的指导
      意见 [EB]．2020．

[13] 王钰．建筑信息化时代下的大国工匠精神——《BIM 技术及应用》课程思政 [J]．信息系统工程，2020（05）：
      167-168．